KB034691

넥스트

《 세 계 가 직 면 한 5 가 지 거 대 한 변 화 》

넥스트

빈센트(김두언) 지음

경이로움

"변화의 물결은 항상 긍정적이라는 걸 기본으로 인식해야 한다. 필자는 변화가 항상 긍정적인 것이라고 생각한다. 잘되면 금상첨화, 잘 안되더라도 하나의 교훈을 배울 수 있으니 그것만으로도 자산이 된다. 그래서 필자는 변화 앞에서 늘 열린 마음을 유지하려고 노력한다. 호기심, 열정과 같은 자세가 중요하다. 이런 자세가 변화를 알아차리도록 일깨워주니 그렇다. 미래가 어떤 모습으로 우리 앞에 다가올지, 과연 필자의 예측대로 그 모습을 드러낼지 설레고 흥분된다. 미래를 생각하며 고민하고 산다는 것이 그래서 행복한 일인 것 같다."

– 빅데이터 이코노미스트 빈센트(김두언)

세상은 항상 바뀌는 것과 바뀌지 않는 것으로 양분된다. 바뀌지 않는 것은 군중심리에서 비롯되는 활동이 어느 정도의 패턴을 보이기 때문이고, 바뀌는 것은 그 소재들 때문이다. 항상 새로운 소재가 새로운 모습으로 세상을 움직이곤 한다. 새로운 것이 생기는 이유를 모두 공부하고 이해할 수는 없지만, 그 역사를 좇는 행동은 유익하고, 무엇보다 재미있다. 우리가 빈센트 같은 기발한 경제학자의 이야기를 듣는 이유는 이 두 가지를 적절한 맥락에서 이해할 수 있게 해주기 때문이다.

빈센트는 빠르고 정확한 전망을 중시하는 여의도 이코노미스트들 중에서도 가장 두려움이 없는 사람이다. 남들과 다른 의견을 거침없이 주장하며 정확한 근거들로 설득한다. 그 의견들이 전부 맞을 수 없다는 사실을 가장 겸허하게 받아들이는 전망가이기도 하다. 그럼에도 빈센트의 의견이 세상의 큰 축을 잘 설명하는 경우를 많은 이가 경험했고, 또 그의 걱정과 달리 상당히 높은 빈도로 변화들을 예측해 왔다. 경제뿐만 아니라 실질 투자에 대한 촉과 지정학적 갈등에 대한 이해도도 무척 높아 점차 존중심이 더해졌다. 시장의 핵심적인 고민이 바뀔 때 그만큼 빠르게 변화의 본질을 짚는 사람을 보기 힘들었기 때문이다.

빈센트의 전망을 가장 잘 활용하는 방법은 그의 유튜브 영상을 보며 시의성 있는 설명을 듣는 것이다. 여기에 더해 분석 자료를 읽고, 실제 그의 전망이 세상과 호흡을 맞춰가는 것을 실시간으로 확인한다면 금상첨화다. 이 책은 빈센트가 현재 방점을 두는 변화의 물결을 다섯 가지 요소로 나누어 설명하고 있다. 책을 다 읽고 다시 몇 달이 흘러 빈센트의 다른 콘텐츠들에서 그 연속성과 맥락을 느껴볼 수 있다면 매우 유익할 것이다.

_ **천영록**(두물머리 대표)

빈센트는 이코노미스트로서 그동안 수많은 예측을 해왔다. 그는 자신의 예측이 틀릴 수도 있음을 겸허히 받아들이면서도, 그 예측대로 미래가 다가올지 기대하며 즐기는 용감한 사람이다. 그런 그의 말에 자연스레 귀 기울이게 된다.

국가 간, 산업 간, 세대 간에 부가 빠르게 이동하고 있다. 이러한 격변의 시대를 맞아 다섯 가지 변화를 분석한 이 책은 독자들의 미래와 투자에 큰 방향을 제시해줄 것이라 믿어 의심치 않는다. 변화를 파악하는 데서 더 나아가 이 책에서 제시한 대안을 실제 비즈니스와 투자에 적용할 수 있다면 더할 나위 없을 것이다.

_ 한상춘(한국경제신문사 논설위원, 한경미디어 국제금융 대기자)

경제를 분석하고 전망하기를 업으로 하는 사람을 이코노미스트라고 한다. 보통은 경제학을 전공하고, 컴퓨터가 쏟아내는 다양한 숫자를 기반으로 차트를 그려 그 추세를 예측하기에 이코노미스트는 대체로 차가운 느낌을 준다. 이 책의 저자 빈센트는 이코노미스트다. 그런데 뜨거운 이코노미스트다. 사람에 대한 애정이 뜨겁고 미래에 대한 관심은 더 뜨겁다. 일하는 스타일 또한 열정적이다. 숫자 너머의 세상을 읽어내려는 그의 노력을 알기에 이 책의 목차 하나하나에 관심이 간다. 차근차근 읽어서 투자에 도움이 되기를 바란다.

_ 김동환(삼프로TV 대표)

너무도 빠른 변화를 따라가기 힘든 시대다. 특히 코로나 이후 전 세계적으로 더욱더 많은 변화가 생겼다. 대변혁의 물결 속에서 위기에 어떻게 대응하고 새로운 기회를 잡아야 하는가. 빈센트의 인사이트가 담긴 이 책에서 그 해답을 찾아볼 수 있다. 그의 분석은 늘 날카롭고 명료해서 듣다 보면 어느새 감탄하게 된다. 당신에게 다가올 '넥스트' 투자 기회를 찾길 바란다.

_ 김영익(서강대학교 경제대학원 교수)

저자는 상당히 장기간에 걸쳐 한국과 글로벌 경제에 대한 고민과 예측을 해왔다. 애널리스트, 경제학자로서 경제 상황에 대한 고민이 깊었을 것이라 생각한다. 이러한 고민을 바탕으로 한국 경제가 기존 국가들의 성장 경로를 거치지 않고 새로운 경로를 개척하는 모습을 이 책에 풀어냈다. 현재 한국 경제와 산업, 글로벌 경제에 대한 고민도 모두 들어 있다. 금융, 밸류체인, 세대, 자산, 양극화 등 단기, 중기, 장기적인 문제들도 충분히 다루고 있다. 이 책을 읽으면 각종 자산과 투자에 대한 방향도 알 수 있지만, 더 중요한 부분은 복잡하게 변화하는 글로벌 경제에서 한국 경제가 나아가야 할 방향을 알 수 있다는 점이다. 기초 투자자, 시장 분석가, 그리고 일반 대중도 경제 현황과 시장, 산업의 흐름을 파악할 수 있어 매우 유익하다.

_김상봉(한성대학교 경제학과 교수, 위너아이 사외이사)

양적 완화 시대에서 양적 긴축의 시대로 엄청난 방향의 전환이 일어나고 있는 2022년이다. 코로나 이전까지 득세하던 디플레이션에 대한 걱정이 언제 그랬냐는 듯이 사라져버리고 인플레이션에 대한 우려로 가득해졌다. 도대체 무엇이 이렇게 세상을 바꿔놓았는지, 이렇게 돈의 흐름이 변화한 이유는 무엇인지에 대해 초보자 눈높이에서 자세히 풀었다. 여기에 더해 앞으로의 변화는 어떻게 일어날 것이며, 그 방향성에 어떻게 대응해야 할지 힌트까지 담겨 있다.

경제 흐름에 대해 언젠가 한번 따라잡고 싶다는 생각이 있지만 도

대체 어디서부터 경제 공부를 시작해야 할지 감도 잡지 못하는 분들에게 이 책을 추천하고 싶다. 이 책을 이해하는 것을 출발점으로 삼아 가장 최근의 경제 흐름을 따라잡을 수 있는 생각의 출발점에 서게 될 것이다.

_ 신사임당(유튜버, 인플루언서)

코로나의 확산세만큼 빨리 변하고 있는 것이 세상의 흐름임을 온몸으로 체험하고 있는 게 지금 시대가 아닌가 싶다. 부의 이동은 국가와 산업을 넘어 개인의 삶을 송두리째 바꾸고 있다. 이런 격변의 시대에 배의 키를 잘못 잡으면 그 시간은 되돌리기 쉽지 않다. 빈센트 이코노미스트는 나긋하지만 분명한 목소리로 우리에게 방향을 제시해준다. 물론 그도 "투자는 예측이 아닌 대응의 영역이다"라는 말처럼, 과거에 틀린 적이 있고 앞으로도 수많은 예측이 틀릴 것이다. 하지만 잊지 말아야 하는 점은 미래에 잘 대응하기 위해서는 미리 준비된 예측이 필요하다는 것이다. 우리 앞에 다가온 새로운 세계에 적응하기 위해 다섯 가지 변화를 알아야 한다고 말하는 빈센트 이코노미스트의 책을 펼쳐보자. 그 안에 우리에게 필요한 답이 어쩌면 있을지도 모른다.

_ 김도윤(작가, 120만 구독자 '김작가 TV' 채널 운영자)

새로운 패러다임에 대비하라!

패러다임을 바꾼 전염병들이 있다. 14세기 봉건주의의 몰락과 근대주의의 태동을 불러온 페스트(흑사병)를 시작으로, 20세기 제1차 세계대전을 일찍 종식시킨 스페인 독감, 그리고 탈모와 피부병으로 가발과 어깨를 드러낸 드레스를 유행시킨 매독 등이다.

21세기 팬데믹으로 확대된 코로나 바이러스 역시 우리 일상의 변화를 예고하고 있다. 백신을 넘어 경구용 치료제가 출시됨에도 불구하고 코로나로 일자리를 떠난 사람들이 좀처럼 일자리로 돌아가려고 하지 않는다. 20년 전 노동의 종말을 주장한 미 경제학자 제레미 리프킨(Jeremy Rifkin)의 예언대로 일자리의 형태가 바뀌고 있는 형국이다.

우리는 현재 자본의 이동이 사람의 이동보다 빠르게 일어나는 시대에 살고 있다. 중국의 평균 임금이 빠르게 올라 선진국과 신흥국 간의 임금 격차가 줄어드는 세상 속에서 경제학자 토마 피케티

(Thomas Piketty)의 말처럼 양극화가 더욱 확대되며 자산을 어떻게 관리할 것인가에 대한 끊임없는 갈증이 있다. 모두에 서술한 코로나 팬데믹은 특히 투자 관점에서의 변화를 요구한다. 필자는 금융시장에서 이미 새로운 패러다임의 변화가 시작되었다는 큰 명제 아래 다섯 가지 변화 일명 'next stage'를 살펴보고 이에 대한 대응 전략도 함께 제시해보고자 한다.

다섯 가지 변화들 중 그 첫 번째는 '넥스트 레벨(next level)'이다. 지난 15년간의 유동성 시대가 끝나고 긴축 시대로 접어들었다. 저금리 시대에서 벗어나 적어도 수년 동안 중금리 시대가 될 것이다. 모든 기대 수익과 비용의 기준 변화가 예고된다.

둘째는 '넥스트 체인(next chain)'이다. 산업의 재편이 빠르게 나타나고 있다. 2022년 CES(International Consumer Electronics Show, 국제가전박람회)에서 소니가 전기차 시장으로 전환하겠다고 선언했고, 현대자동차는 내연기관 사업부를 없애버렸다. 그동안 익숙했던 기업들의 전략에 변화의 바람이 불고 있는 것이다. 특히 21세기 '전자 산업의 쌀'로 불리는 반도체 산업이 미중 패권 경쟁과 함께 미국 주도의 밸류체인 재편이라는 큰 도전에 직면해 있다. 지난 100년 동안 미국과 패권 경쟁을 해온 국가들의 국운과 같이 이번에도 미국이 패권국으로 더욱 자리를 굳힐지 지켜볼 일이다. 이에 우리는 남의 집 불구경할 때가 아니다. 국가의 미래 전략과 직결되는 부분이기 때문이다.

세 번째 변화는 '넥스트 제너레이션(next generation)'이다. 인구수와 구매력 모두 이전 세대들을 넘어서는 MZ세대가 세상의 중심에 서고 있다. MZ세대가 가진 투자의 특징(이상주의, 이타주의, 초개인화)을 감안해볼 때, 새롭게 떠오르는 산업들을 앞서 선점해야 한다. 메타버스, NFT가 이미 그 물결이라고 볼 수 있다.

넷째는 '넥스트 애셋(next asset)'이다. 새 패러다임 속에 나타난 새로운 자산은 어쩌면 자연스러운 일이다. 블록체인이 화폐의 개념과 결합하며 가상화폐 시장이 이미 제도권에 포함되었다. 유동성이 줄어드는 시대에 여러 가지 부침이 예상되지만, 새로운 대안자산으로 자리매김하는 통과의례로 봐야 할 것 같다. 과거 금이 인플레이션 헤지(hedge) 자산으로 자리할 수 있었던 것처럼 분명 코인 시장도 금의 자취를 따라갈 가능성이 크다고 전망한다.

끝으로 우리가 주목해야 할 변화는 '넥스트 리스크(next risk)'다. 새로운 기회가 있다면 위험 역시 함께 따라올 것이다. 가깝게는 러시아가 우크라이나에 군사적 행동을 단행했고, 중국과 대만의 관계도 위험성이 높아졌다. 북대서양 조약기구(NATO)와 미국은 즉각적인 대응을 예고하면서도 과거 냉전시대와는 각자의 위치가 달라졌다. 신냉전시대에 새로운 국수주의로 인한 마찰을 대비할 필요가 있다.

또한 세대 간 갈등의 심화는 새로운 시대정신을 필요로 하고 있다. 한국은 역사상 처음 자연현상으로 총인구가 줄어드는 가운데, 막대한 자산을 축적한 베이비부머(한국은 1955~1963년생)가 은퇴해 노후에 접어들고 있다. 양극화를 바라보는 한국판 21세기 노블레스 오블리주(noblesse oblige)에 대한 새로운 접근이 필요한 시기다. 특히 우리나라에서도 점차 심각한 사회문제가 된 양극화는 우리가 앞으로 풀어가야 할 리스크로 불러도 전혀 이상하지 않다.

위에서 소개한 다섯 가지 변화의 물결을 예의주시하며, 각자 나름의 대안을 마련해야 할 것 같다. 필자는 그간 글로벌 경제를 연구하면서 세상이 변해가는 흐름을 빠르게 체감할 수 있었다. 그리고 많이 배우기도 했다. 필자의 생각, 경험 그리고 시각이 모두 옳거나 정답은 아닐 것이다. 그래도 경제학자로서 그간 세상에 공개했던 글로벌 전망, 앞으로 우리가 준비해야 할 대비책을 원고로 묶어 경이로움 출판사를 통해 내놓는다. 독자 여러분의 관심과 성원뿐 아니라 질책도 받아들일 준비가 되어 있다. 모쪼록 이 책을 읽는 분들의 삶에 행운이 가득 깃들기를 바란다.

2022년 3월

빅데이터 이코노미스트 빈센트(김두언)

Contents

○—— Preview ——○

Next Stage,
읽히고설킨 이슈 7선(選)

Next Stage _ Preview

Next Stage,
얽히고설킨 이슈
7선(選)

코로나는 종식될까?
팬데믹 vs. 엔데믹

그동안 인류를 괴롭혔던 대유행의 질병들은 시간이 지날수록 점차 약해지는 공통적인 모습을 보였다. 많은 전문가들이 코로나 바이러스 백신 면역 효과를 무색케 할 또 다른 변종이 나타날 가능성에 대해 우려한다. 그러면서도 2022년에는 코로나가 팬데믹에서 엔데믹(endemic, 일상적인 계절 감염병) 수준의 통제 가능한 상황으로 가는 원년이 될 가능성이 크다고 진단하고 있다. 그렇다면 우리는 코로나 이전의 평범한 일상을 다시 누릴 수 있을까? 팬데믹이 종료되면 과거의 정상적인 삶을 살 수 있을까?

2021년 말, 코로나가 종식될 수 있다는 기대감을 가지고 시작한

'위드 코로나(with Corona)' 정책은 한 달도 채 안 되어 전면 백지화되었다. 우리나라를 포함해 위드 코로나를 실시했던 대부분의 국가에서 델타 변이 이후의 변이 바이러스 오미크론(Omicron)의 확산세가 이어지는 실정이다. 남아프리카공화국에서 델타의 변이종으로 발발한 오미크론은 기존의 델타를 밀어내고 전문가들의 예상보다 빠르게 우세종으로 자리를 잡았다. 그리고 2022년 1분기(1~3월)가 채 지나기도 전에 오미크론 변이가 전 세계 코로나의 우세종이 될 것이라는 전망이 현실화되고 있는 상황이다. 그나마 다행스러운 점은 오미크론 변이가 전파력이 강한 반면, 감염자가 사망에 이르는 중증 고위험 상태로 악화되진 않는다는 데 있다.

위드 코로나를 실시했던 초반에는 리오프닝(re-opening) 관련 주식이 시장의 기대감에 부응하면서 반짝 상승하는 모습을 보여주기도

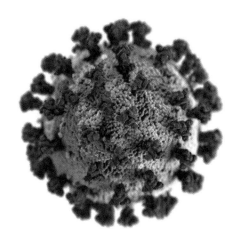

코로나 바이러스 (출처: 미국 질병통제예방센터 CDC)

했다. 하지만 투자 세계에서 가장 경계해야 할 것이 불확실성이었을까? 코로나는 글로벌 실물경제에 불확실성을 높이며 주식시장의 하락 요인으로 작용했다. 필자의 개인적인 생각이지만, 오미크론 변이의 빠른 확산세가 전개되더라도 세계 경제를 쥐락펴락하는 주체들이 투자를 주저하거나 포기하는 상황은 벌어지지 않을 것이다. 앞에서 언급한 바처럼, 오미크론 변이는 기존의 델타보다 치사율이 낮고 증상도 경미하다는 보고가 전문가들 사이에서 폭넓게 회자되기 때문이다.

한편 2022년 1월 중순만 해도 미국 내에서는 하루 평균 80만 명대의 코로나 확진자가 발생했다. 전문가들의 우려대로 오미크론 변이의 전파력이 어마어마했다. 그런데 1월 말 기준 약 2주 만에 확진자 수가 27% 급감하는 모습이었다. 빠르게 전개되었던 확산 속도가 눈에 띄게 줄어드는 모습이다. 이런 현상은 영국, 남아프리카공화국 등 이미 오미크론 확진자 수가 절정을 기록했던 다른 나라들에서도 공통적인 현상이다.

필자가 원고를 정리하는 2022년 2월 초 기준, 한국 역시 확진자 수가 크게 늘어 3만 명대를 웃도는 상황이지만, 오미크론 확진자가 절정을 찍은 후 다른 나라들처럼 확산세가 줄어들지 않을까 하는 희망적인 전망을 해볼 수 있겠다. 현재 코로나 확진자 중 대다수가 오미크론 감염자로, 기존 델타 변이와 비교하면 중증 위험도가 낮고 치사율 역시 상대적으로 낮다는 것이 고무적이라는 이야기다.

사실 당초 전문가들의 예상처럼 오미크론 변이가 코로나 우세종으로 빠르게 전환되었고, 팬데믹 상황으로 인식되던 코로나는 향후 겨울마다 발생하는 독감처럼 엔데믹으로 정착함으로써 그간의 우려와 공포에서 벗어날 수 있을 거라는 희망 섞인 전망에 동의한다. 물론 지금도 전 세계는 코로나 바이러스와 힘겨운 전쟁을 벌이는 중이다. 그리고 오미크론 변이의 하위 변종으로 알려진 **'스텔스 오미크론(BA.2)'**의 추이도 지켜봐야 하는 상황이다. 여전히 치명적이고 위험하며, 하루에도 수많은 사망자가 발생한다. 그러나 코로나 역시 인류를 괴롭혔던 과거의 다른 질병들처럼 서서히 그 힘을 잃어갈 것은 분명하다.

스텔스 변이는 오미크론 변이보다 전파력과 감염력이 센 것으로 알려져 있다. 다행히 스텔스 오미크론의 치명률은 중증으로 이어질 확률이 낮을 것 같다는 연구 결과가 나온 상태이며, 좀 더 추이를 지켜볼 필요가 있다.

긴축 시대의 개막,
그리고 인플레이션

2022년 글로벌 경제는 '백 투 노멀(back to normal)'의 원년이 될 수 있다. 백 투 노멀이란 '코로나 이전의 세계로 돌아간다'는 의미로 이해할 수 있다. 지난 2021년에는 **기저효과**로 V자 반등의 경기 모습을 보이기도 했는데, 이런 성장세가 2022년을 기점으로 코로나 이전의 평균적인 성장세로 천천히 회복할 것이라는 전망을 내놓고 싶다.

물론 완만한 성장 기류 속에 국가 간 성장 속도에는 차이가 있을 것이다. 마치 국력에 따라 코로나에 대응하는 모습이 저마다 달리 나타났던 것처럼 말이다. 이런 상황이 이어져 백 투 노멀의 수준 역시 나라마다

> 기저효과란, 경제 상황이나 경제지표를 볼 때 비교 시점에 따라 결과값이 달라지는 것을 말한다.

상이할 것으로 예측할 수 있다.

어쨌든 2022년에는 전체적인 글로벌 경제 흐름이 완만한 성장세로 전환될 것이라는 게 주요 연구기관들의 전망이며,[1] 필자 역시 그렇게 전망하고 있다. 사실 코로나 발생 이후 글로벌 경제는 빠른 회복세를 보여주었지만, 현재는 성장의 동인이 조금은 희석된 모습이다.

2022년 핫이슈 중 하나는 많은 전문가들이 동의하듯 글로벌 인플레이션의 압력이다. 코로나로 움츠러든 경기를 회복하고자 각 정부는 역사상 유례없는 규모의 돈을 시중에 풀었다. 많은 통화를 시중에 공급함으로써 침체된 경기를 부양하려는 정책이었는데, 한마디로 양적 완화 시대의 재림이었다.

그런데 2022년 초부터 미국 연방준비제도(연준, Fed)가 **테이퍼링**(tapering)의 종료와 더불어 총 여덟 차례의 금리 인상을 예고하고 나선 상태다.[2] 이

테이퍼링이란, 침체된 경기를 살리고자 시장에 유동성(돈)을 확대하던 일을 점차 줄여가겠다는 뜻이다. 미 연준이 자산 매입 규모를 조금씩 줄여나감으로써 시장에 퍼진 유동성을 관리하는 일종의 긴축 정책이다. 2013년 당시 미 연준 의장 벤 버냉키(Ben Bernanke)가 '테이퍼링'이라는 말을 사용하면서 널리 알려지기 시작했다. 테이퍼링은 금리 인상과 더불어 경제 주체들에게 공포감을 심어주는 것으로 알려져 있다.

---

1 국제통화기금(IMF)은 2022년 1월 수정 경제 전망에서 글로벌 경제성장률을 이전 전망(2021년 10월)인 4.9%에서 4.4%로 0.5%p 하향하며 2022년 글로벌 경제성장세가 완만해질 것으로 전망했다.
2 미 연준(중앙은행)은 2021년 12월 정례회의(FOMC)에서 2022년 3회, 2023년 3회, 이후 2회 등 총 여덟 차례의 금리 인상을 예고했다.

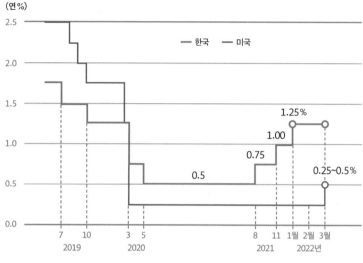

●····· 한국과 미국의 기준금리 추이

(연%)

출처: 한국은행, 미 연준(Fed)

는 경제 정책에서 어느 정도 자신감을 갖추었음을 반영한 것임과 동시에 그동안 시장에 푼 유동성을 회수하겠다는 긴축 신호다. 이 같은 미 연준의 '매파'적 통화정책의 변화는 글로벌 경제에 미치는 영향이 클 것이 분명해 보인다. 이는 2022년 경제 흐름을 좌우할 것이다.

미 연준 의장 제롬 파월(Jerome Powell)[3]은 인플레이션과 관련해 '일시적(transitory)이다' 또는 '영구적(permanent)이다' 등 상충적인 이야기를 공개적으로 밝히기도 했다. 전 세계 경제 주체들은 세계 경제에 막대한 영향력을 행사하는 연준의 정책에 주목한다. 과연 연준은 인

---

3 조 바이든 미 대통령은 2021년 11월 파월 의장의 연임을 인준했다.

플레이션을 잡기 위해 강력한 통화정책을 펼쳐갈까?

필자는 40년내 최고치를 기록한 미국의 소비자물가 상승률을 감안해볼 때, 파월이 수장으로 있는 미 연준이 인플레이션을 상당 부분 억누르는 정책을 펼쳐갈 것으로 보는 시각, 즉 강도 높은 매파적 통화정책을 펼칠 것으로 생각한다. 다만 이처럼 강도 높은 매파적 성향은 2022년 상반기를 기점으로 점차 완화될 것으로 보인다. 미국의 인플레이션 압력이 상반기까지 정점을 찍고 난 이후, 미 연준은 매파적 통화정책의 강도를 점차 누그러뜨릴 가능성이 높다고 예측해 본다.

매파(hawks)란, 강경한 통화정책을 주장하는 사람들을 일컫는다. 간략히 말해 금리를 높여 물가를 낮추어야 한다는 생각을 갖고 있다. 경기가 너무 과열되었거나 인플레이션 상황이 되면 매파적 통화정책을 취한다. 이에 반대 입장을 가진 사람들이 비둘기파(doves)다. 이들은 경기를 부양하려면 금리가 낮아야 한다고 생각한다. 그리고 중도파도 있다. 이른바 올빼미파(owls)라고 불리는 이들은 중도적인 통화정책을 주장한다.

현 미 연준 의장 제롬 파월은 온건한 통화정책을 지향하는 비둘기파였으나, 최근 미국의 물가가 급격히 높아지며 인플레이션 압력이 커지자, 수차례 금리 인상을 예고하며 강경한 매파적 통화정책을 펼칠 것이라 예고했다. 참고로 업계에서는 '매둘기'라는 표현도 종종 사용한다. 매와 비둘기를 합친 말로, 매파적 성향의 비둘기를 일컫는다. 2022년 미 연준의 통화정책이 이런 모습일 것이라 생각한다.

이런 흐름 속에 우리는 어느 한쪽으로의 쏠림 현상에 휩쓸려서는 안 된다. 특히 투자자라면, 2022년 상반기와 사뭇 달라질 가능성이 있는 미 연준의 정책을 예의주시할 필요가 있다. 가령 강도 높은 매파적 정책을 감안해 위험자산인 주식 투자를 기피한다면, 이는 2022년 짧고 큰 기회를 놓치는 일일 것이다.

사사건건 충돌하는 G2,
긴장감이 점점 높아지는 미중 갈등

2001년 11월 11일, 중국은 세계무역기구(WTO)에 가입했다. WTO 가입 후 중국 경제는 그들이 종종 즐겨 사용하는 사자성어를 빌려 표현하자면, 그야말로 괄목상대(刮目相對)한 성장을 일구어냈다. 이후 중국은 2008년 베이징 올림픽을 유치하면서 전 세계에 자신들이 후진국에서 벗어나 중진국으로 빠르게 도약했음을 알렸다. 2008년 당시 중국의 GDP는 미국과 일본에 이어 세계 3위 규모였으나, 2010년부터 경제대국으로 불리던 일본마저 뛰어넘어[4] 미국과 함께 G2로 불

---

4 IMF에 따르면, 2010년 중국의 명목 GDP는 6조 달러로서 일본의 명목 GDP 5조 7,000억 달러를 처음으로 추월했다.

심상찮은 미국과 중국의 대립

리며 현재까지 이른다.

그렇잖아도 광활한 땅에 14억 명이 넘는 인구를 가진 중국의 빠른 경제성장을 세계 최강대국인 미국이 그냥 두고 볼 수만은 없었을 것이다. 결국 미 트럼프 행정부는 2017년부터 중국과의 무역전쟁을 선택했다. 당시 도널드 트럼프 대통령은 중국이 생산한 제품에 관세를 부과하는 행정명령에 서명함으로써 두 나라 간 무역전쟁의 서막이 열렸다. 이른바 G2 전쟁의 시작이다.

 – 미국: 1,333개, 500억 달러 규모의 상품에 25% 고관세 부과
 – 중국: 106개, 500억 달러 규모의 상품에 25% 고관세 부과로 맞대응

두 나라는 날카로운 신경전을 벌이며 상대국이 수출하는 여러 상품에 높은 관세를 부과하고 이에 맞대응하는 상황을 반복했다. 당초 미국은 중국 상품에 관세를 매기는 전략으로 미중 간 무역갈등을 이끌어왔으나, 점차 정치적으로 예민한 중국의 인권이나 체제의 문제

까지 거론하며 중국을 자극했다. 대표적인 사례가 미국이 대만(타이완)을 정식 국가라고 명시함으로써 중국이 오랜 시간 천명해온 '하나의 중국' 원칙에 딴죽을 건 일이다.

또 최근에는 중국 서북 지역에 자리한 신장 위구르에서 벌어지는 인권 탄압 문제를 거론하는 데도 미국은 주저함이 없다. 이후 두 나라는 환율전쟁까지 벌이며 첨예한 갈등을 전 세계에 보여주었고, 현재 G2의 갈등은 과거로 돌아갈 수 없는 시계가 되어 세계 경제와 정치사의 흐름을 뒤바꾸는 상수로 작용할 것 같다.

역사적으로도 기존의 강대국 지위에 도전했던 2위 국가들은 많았다. 그리고 대부분 전쟁이라는 결과를 불러오기도 했다. 구 냉전체제의 몰락 이후 전 세계 1등이라고 자부해온 미국과 미국의 턱밑까지 따라붙은 중국. 이들 G2의 마찰과 갈등은 인류의 오랜 역사가 그랬던 것처럼 전쟁 또는 전쟁에 버금가는 형태의 물리적 충돌로 번질 가능성도 배제할 수 없어 보인다.

한편 미국의 대(對) 중국정책은 20년 사이 크게 변했다. 즉 자신들이 주도하는 세계 질서 속에 중국을 편입시킨 후 개방과 개혁을 유도해 중국을 관리하려 한 미국이었지만, 중국은 미국의 뜻대로 따라가지 않았다. 오히려 중국은 미국을 위협하는 존재가 되었다. 중국은 미국이 관리하기 힘들고 다루기 어려운 맹수가 되어 많은 분야에서 과거보다 더욱 강력해졌다. 특히 시진핑 주석은 과거의 중국 권력자들이 보여준 것과 다른 행보를 보였다. 그는 미국과의 전면 대결도 피하지 않았는데, 이 같은 시진핑의 자신감은 중국의 눈부신 경제성장이 깔려 있기 때문이라고 봐도 좋을 것 같다. 결국 중국을 관리할 수 있을 것이라는 미국의 꿈은 처참한 실패로 돌아간 듯하다. 그렇다면 미국은 향후 어떤 전략을 들고 나올지 지켜볼 필요가 있다.

2020년 말에 발생한 코로나 사태는 두 나라의 다툼을 잠시 잠재우는 역할을 했다. 하지만 2022년 세계 경제의 판도를 바꿀 수도 있는 G2 갈등과 대립은 코로나 위기 이후, 경제 재건이라는 목적 아래 4차 산업 등 새로운 산업의 밸류체인 형성이라는 거대한 흐름과 맞물려 더 치열해질 전망이다. 포스트 코로나의 원년이 될 수도 있을 2022년부터 미국과 중국은 서로 한 치도 물러설 수 없는 대립의 각을 여러 분야에서 더욱 명확히 드러낼 것이라고 전망한다.

참고로, 중국의 시진핑은 그간 관행으로 여겨지던 주석직 10년 임기를 넘어 3기 집권 체제를 구축 중이다. 2022년 하반기(10월)에 개최될 제20차 중국공산당 6중전회에서 시 주석의 연임이 결정될 것으로 보인다. 중국 공산당은 지난 2021년 11월 마오쩌둥(毛澤東), 덩샤오핑(鄧小平)의 반열에 시진핑 현 주석을 올려놓는 '역사결의'를 채택하기도 했다. 절대 권력자 시진핑을 중심으로 세계 최강국 미국과 끊임없는 경쟁 구도를 만들어가겠다는 의도로 읽힌다. 공교롭게도 미국은 2022년 11월 바이든 행정부의 지난 2년의 성과를 평가하는 의회 중간선거가 있다. 지지율이 지속적으로 하락세에 있는 바이든의 미국이 시진핑 3연임을 가만히 두고 볼까? 우리는 전 세계를 쥐락펴락하는 G2의 충돌에 대비해야 한다.

그린 에너지,
그린 관련 정책의 부각

18세기 후반 시작된 산업혁명 이후 지금까지 인류가 사용해온 전통 에너지원은 석탄, 석유 등 화석연료였다. 그런데 전통적인 에너지원 시대의 종말이 빠르게 다가오고 있다. 그간 화석연료를 사용함으로써 부작용으로 지적되어온 환경오염, 지구 파괴의 문제가 전 세계적 재앙으로 불린 지도 오래된 일이다. 코로나발 전염병 위기를 경험한 인류는 보다 더 친환경적인 에너지원의 생산과 활용에 큰 관심을 보이고 있다.

2022년부터는 바야흐로 전 세계적으로 **그린 에너지**(green energy) 기술 개발에 많은 기업이 투자할 것이고, 그린 에너지에 대한 일반인들의 관심도 과거와 사뭇 다른 구체적인 행동 양상으로 번져나갈 것

그린 에너지는 오염 물질을 만들어내지 않는 친환경적인 에너지로 녹색 에너지, 대체 에너지, 청정 에너지라는 말로도 대신한다. 대표적인 그린 에너지는 태양광, 수력, 풍력, 파력(파도 에너지) 등인데, 이는 우리가 쉽게 얻을 수 있는 자연 에너지원이다. 그 밖에 수소를 활용한 에너지원과 식물의 생물체를 열로 분해하거나 발효시켜서 얻는 메탄, 에탄올 등의 바이오매스도 그린 에너지의 범주에 포함된다.

이라고 예상해볼 수 있다. 이를테면 우리 실생활 속에서의 그린 에너지 실천이 그것이다. 이 역시 과거엔 볼 수 없었던 새로운 변화다.

본문에서 자세히 소개하겠지만, 전 세계는 날로 망가져가는 지구 환경을 보존하기 위해 머리를 맞대고 노력 중이다. 대표적인 예가 2021년 10월 31일부터 11월 13일까지 영국 글래스고에서 열린 COP26(Conference of the Parties, 제26차 UN 기후변화협약 당사국총회) 회의다. 이 모임의 참가국들은 단계적인 석탄 사용의 감축, 온실가스 감축 등을 합의한 '글래스고 기후조약(Glasgow Climate Pact)'을 채택했다. 물론 주요 석탄 소비국인 미국, 중국, 인도의 미온적인 반응과 메탄가스 발생 1~3위 국가로 알려진 중국, 러시아, 인도가 난색을 표한 점이 모임의 한계로 지적되기도 했다. 그렇지만 코로나 같은 재앙도 결국 환경오염에서 비롯될 수 있다는 사회적 인식 변화와, 점점 심각해지는 환경 문제를 더 이상 지켜볼 수 없다는 회원국들의 관심과 참여에 의미가 있다고 볼 수 있다.

화석연료 시대의 종말은 필연적인 일이 될 것이다. 그리고 대안으로 여겨지는 그린 에너지에 대한 관심과 적극적인 실천이 또 하나의

제26차 UN 기후변화협약 당사국총회

트렌드로 자리 잡을 것이다. 당연히 투자 분야에서도 그린 에너지가 주목받을 것이며, 몇몇 선진국을 중심으로 구체적인 그린 관련 정책들이 쏟아져 나올 가능성도 높다.

화석연료 사용 시 만들어지는 이산화탄소, 온실가스 배출량을 '제로(0)'로 만들겠다는 것. '탄소 제로(carbon zero)' '탄소 중립(carbon neutral)'이라고도 부른다. 발생하는 탄소 배출량만큼 탄소를 흡수·제거하는 방법을 사용함으로써 결과적으로 탄소 배출을 상쇄해 0으로 만들겠다는 아이디어인데, 혹자는 넷제로를 지킬 수 없는 이상적인 정책이라고 폄하하기도 한다.

물론 화석연료를 써야만 하는 개도국과 후진국들의 반발도 충분히 예상되는 바이지만, 결국 이런 압박에도 불구하고 **넷제로(net zero)**를 목표로 삼는 구체적이면서도 한결 더 견고한 에너지 정책들이 나올 것이라고 예상해볼 수 있다. 당연히 우리는 향후 '그린 테마'에 관심을 갖고 추이를 지켜보며 대응해야 할 것이다.

MZ세대가
세상의 중심

바야흐로 MZ세대라 불리는 이들이 정치, 경제, 사회, 문화 분야를 막론하고 전 시장에서 주요 소비 주체로 떠오르는 중이다. 세상에 태어나면서부터 소셜 미디어(SNS), 모바일 환경과 접하며 자란 MZ세대는 '디지털 원주민(digital native)'이라는 별칭이 붙을 만큼 인터넷과 모바일, SNS 사용에 익숙하고 그런 삶이 일상화되어 있다.

1980년대 초~1990년대 중반에 태어난 '밀레니얼(millennials) 세대'와 1990년대 중반~2000년대 초반에 태어난 'Z세대'를 함께 일컬어 MZ세대라고 부른다. 2022년 기준 12~41세 나이의 사람들이 MZ세대에 포함된다. MZ세대라는 용어 대신 '에코붐 세대'라고도 한다. 참고로 MZ세대의 부모는 베이비붐 세대의 자녀들인 X세대, Y세대다.

당연히 MZ세대는 기성세대와 전혀 다른 가치관과 행동을 보여준다. 일례로 MZ세대는 집단의 행복 대신 개

모바일과 SNS에 익숙한 MZ세대

인의 행복이 더 가치 있다고 믿으며(개인주의적 성향), 기성세대가 들려주는 이야기보다 자신의 경험을 더 중요하게 여긴다(자기중심적 성향). 그리고 최신 트렌드를 적극적으로 수용하는 순발력도 갖추고 있다. 매사에 민감하고 민첩하게 반응하는 것도 MZ세대의 특징이라고 하겠다.

MZ세대가 세상의 중심이 되었다는 이야기는, 쉽게 말해 전체 인구 비율 중에서 이들이 차지하는 비중이 커졌다는 뜻이기도 하다. 2022년 기준, 전 세계에서 MZ세대가 차지하는 인구 비중은 36%에 이른다. 세계적인 다국적 투자은행 모건스탠리(Morgan Stanley)는 미국 MZ세대 중에서도 Z세대(1996~2010년에 태어난 7,800만 명)의 경우 앞으로 10년 정도 후에는 미국 역사상 가장 많은 인구 비중을 차지할 것으로 전망한 바 있다. 단순히 인구 비중뿐만 아니라, 시장에서 나타나고 있는 MZ세대의 구매력 수준을 살펴보더라도 이들이 세상의 중심임을 쉽게 알 수 있다.

정리하자면, 현재의 인구 비중과 구매력 영향력이 강력한 이들이 MZ세대다. 이런 흐름에 따라 기업들은 홍보 마케팅과 커뮤니케이션 전략을 MZ세대에 맞추고 있다. 재테크나 금융 서비스 분야에서도 점점 더 경제적 영향력이 커질 그들을 겨냥한, 그리고 기존과 전혀 다른 전략을 들고 MZ세대를 공략할 것이다. 이런 흐름 역시 향후 우리가 주목해야 할 주요 테마 중 하나로 손꼽을 만하다. 프롤로그에서도 밝혔지만, MZ세대만의 세 가지 특징을 본문에서 하나씩 정리하고자 한다.

MZ세대와 깊은 관련이 있는 용어들

- 인플루언서블 세대: SNS상에서 영향력이 크다.
- 다만추: 다양한 경험과 삶이 만나는 것을 추구한다.
- 도른자 마케팅: MZ세대가 주목할 만한 기발한 제품을 출시하거나 홍보하는 일이다. '돌은 자'의 발음대로 '도른자'라고 표기한다.
- 밸런스익선[5]: MZ세대는 자신에게 필요한 만큼만 적당히 구매하는

---

5 스마트폰 사용이 일상적이고 매우 익숙한 MZ세대는 한 손에 쥘 수 있는 스마트폰 크기의 물건을 선호한다. 이런 MZ세대의 기호에 발맞추어 많은 기업이 100g 미만의 과자, 기존보다 절반 정도 용량을 줄인 미니 음료, 1인용 밀키트 등을 출시함으로써 MZ세대에게 큰 호응을 받고 있다.

소비 트렌드를 갖고 있다.

– 리추얼라이프: 자신의 일상에 활력을 불어넣는 규칙적인 습관을 말한다. 『트렌드 코리아 2022』에는 '바른생활 루틴이'라는 용어를 소개했다(『트렌드 코리아 2022』 327~353쪽 참조).

– 태그니티 마케팅 : 해시태그의 태그(tag)와 커뮤니티(community)의 합성어. 소셜 미디어에서 해시태그를 통해 관심사과 취향을 공유하는 MZ세대를 대상으로 한 마케팅이다.

– 역꼰대: 조언하는 주변 사람을 꼰대라고 여기면서 소통하지 않는 MZ세대를 일컫는 말이다.

– FIVVE: 재미(Fun), 비일관성(Inconsistency), 가치(Value), 바이러스 보복소비(Virus revenge), 표현(Expression)의 약자. MZ세대의 독특한 소비 성향을 뜻한다.

새로운 투자 기회는 어디?
대안자산으로

투자 부문에서도 과거엔 경험하지 못한 변화의 움직임이 감지된다. 우리가 전통적인 투자 기회라고 생각했던 예금 및 저축, 부동산, 주식, 채권 시장은 과거에 그랬던 것처럼 투자자들에게 '커다란 수익'을 안겨주는 투자처―황금알을 낳는 오리―가 될 수 있을까? 어쩌면 우리는 과거와 같은 호시절을 앞으로는 경험하지 못할 수도 있다. 시쳇말로 물고기가 많은 곳에서 낚시를 해야 크고 싱싱한 물고기를 잡을 수 있다. 이 말은 투자하면 돈을 벌어다 주었던 몇 가지 전통 분야에서 투자자들이 돈을 넣어봤자 더 이상 먹을 게 없다는 이야기와 같다.

전통적인 투자 기회들의 부진 또는 몰락은 인류 역사가 늘 그랬던

대표적 전통자산인 부동산과 주식

것처럼 미래로 향한 변화의 과정으로 이해할 수 있겠다. 찬란했던 영예를 안은 채 역사의 뒤안길로 사라져가는 것이다. 새로운 투자처와 기회는 늘 새롭게 만들어지기 마련이고, 이를 눈치 챈 사람들은 자신의 소중한 자산을 새로운 기회에 투자하는 데 주저함이 없다. 그렇다면 지금은 어떤 곳에 기회가 숨어 있을까?

어떤 시절이든 해당 시대에 익숙한 자산이 있다. 가령 금의 경우 달러에 대항해 1970년대부터 가치가 부각되기도 했다. 그리고 오랫동안 대안자산으로서의 역할을 해왔다. 최근에는, 특히 MZ세대가 가장 익숙한 대안자산으로 코인을 비롯한 **메타버스**, NFT(Non-Fungible Token)[6]에 열광한다. 그들은 다른 세대들과는 달리 용감하

---

6 2021년 대한민국 출판계에서는 메타버스, NFT 관련 서적들이 인기를 끌었고 대부분 베스트셀러에 올랐다. 이런 열풍은 독자들의 관심에 힘입어 2022년에도 계속 이어질 것으로 생각한다. 가상현실이 더 이상 가상이 아닌, 현실이 되어가는 중이다. 우리가 살아가는 현실 안으로 가상이 편입되는 순간을 우리는 지켜보고 있다.

메타버스는 '가상' '초월' 등을 뜻하는 '메타(meta)'와 우주를 뜻하는 '유니버스(universe)'의 합성어로, 현실 세계와 같은 사회·경제·문화 활동이 이루어지는 가상 세계를 말한다. 메타버스는 3차원 아바타를 이용해 실제 현실에서처럼 활동할 수 있다. NFT란, 대체 불가능한 토큰이라는 뜻으로, 교환과 복제가 불가능해서 고유성과 희소성이 있는 블록체인 기반의 토큰이다.

고 과감하게 이런 자산에 투자하는 데 주저하지 않는다. 따라서 현 시대의 트렌드로 새롭게 떠오른 코인 및 메타버스, NFT에 기회가 있다고 진단한다.

한편 변화하는 여러 가지 모습들이 있지만, 그중에서도 현재 우리는 금융 시장의 탈중앙화를 목격하고 있다. 은행을 필두로 한 전통적인 금융 시스템 이용자들은 금융 서비스를 이용할 때 드는, 생각보다 비싼 돈을 지불하기를 주저한다. 채권은 어느 한 국가가 경제 인프라를 갖추는 데 드는 자금의 조달, 그리고 기업들이 사업을 하는 데 필요한 목돈 창구 역할을 했지만, 지금은 과거처럼 묻지마 투자를 할 정도로 매력적인 투자 기회라고 보기 어렵다. 주식은 어떤가? 주식 시장은 현재 유동성 모멘텀이 떨어져 있기에 큰 수익을 기대하기 어렵고, 부동산도 전 세계적인 금리 인상 분위기가 발목을 잡고 있는 모양새다. 그렇다면 투자자들의 돈은 어디로 흘러들어갈까?

시장 분위기가 이렇게 변하는 와중에 앞서 언급한 MZ세대가 열광하는 새 투자처로 비트코인, 메타버스, NFT 시장을 눈여겨봐야 할 것이다. 비트코인의 경우 초반에는 대체자산이라는 말로 불렸다. 그리고 세상에 모습을 드러낸 지 10년 만에 비트코인의 위상이 완전히

새로운 대안자산 비트코인

달라졌다. 또한 대체할 수 없는 토큰 NFT도 2021년부터 전 세계 투자자들의 이목을 사로잡기에 충분한 투자 가능성을 보여주었다. 이역시 우리가 과거엔 경험할 수 없었던 새로운 흐름 중 하나다. 거부할 수 없는 흐름인 것이다.

　개인적인 생각이지만, 필자는 '대체'라는 표현보다 좀 더 포괄적이고 안정적인 의미의 '대안'이라는 단어를 선택했다. 그러니까 대체자산을 뛰어넘는 대안자산이라고 부르려 한다.

　인류는 2000년대 들어 널리 보급된 PC의 영향으로 인터넷 혁명을 경험했다. 그리고 스티브 잡스가 남기고 떠난 아이폰과 삼성 갤럭시가 2010년대 모바일 혁명을 주도했다. 우리는 어느새 2020년대를 살고 있다. 지금은 비트코인과 메타버스의 시대다. 과연 가상현실의 세계 속에는 어떤 변화와 기회가 우리를 기다리고 있을까? 새로운 기회와 변화가 기대된다.

미국이 선택한 새 안보자산,
이제는 반도체

필자는 이 테마 역시 중요하고 생각한다. 앞서 소개한 '사사건건 충돌하는 G2, 긴장감이 점점 높아지는 미중 갈등'의 연장선상에 놓인, 더욱 디테일한 이야기일 것이다. 초강대국 미국이 스스로 안보자산이라고 여겼던 석유를 확보하는 전략을 버리고 반도체 확보 전략을 선택했다는 것은 여러 가지를 함의한다. 미국이 안보자산을 무엇으로 결정하느냐에 따라 세계 경제사와 정치사가 달리 기록될 수 있기 때문이다.

과거 미국이 석유를 확보하고자 기울였던 노력은 상상을 초월한다. 막대한 자금을 쏟아부으며 스스로 전쟁을 치르기도 했고, 누군가를 부추겨 은밀히 뒤에서 전쟁을 지원하기도 했다. 영원한 우방도 적

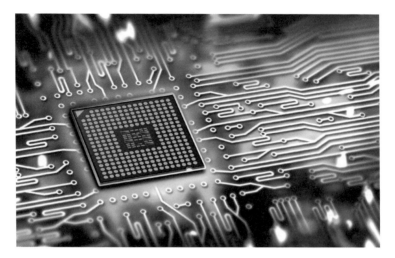

미국의 새 안보자산, 반도체

도 없다는 말처럼, 미국은 석유를 얻기 위해 어제의 동지를 오늘의 적으로 만들기도 했다. 이는 비단 미국뿐 아니라, 미국과 강대국 경쟁을 벌인 구(舊) 소련이나 최근의 중국도 마찬가지다.

미국이 미래의 안보자산으로 반도체를 선택한 전략이 새로운 밸류체인이 만들어지는 트리거(trigger) 역할을 했다고 볼 수 있다. 최근 물리적 긴장감이 한껏 고조된 중국과 대만의 갈등, 그리고 구 냉전시대 종말 후 각자도생의 시간을 보내느라 데면데면했던 중국과 러시아가 최근 들어 가까운 모습을 보여주는 것 역시 미국의 반도체 확보 전략과 밀접한 연관이 있다고 봐야 한다. 이 같은 미국의 선택이 나비효과(butterfly effect)를 일으켜 세계 경제, 정치 분야에서 큰 파장이 되어 휘몰아치는 상황이다. 당연히 이런 변화를 제대로 알고 이해해야 우리에게 이로운 대안 만들기가 가능할 것이다.

이 테마는 본문에서 위기 속에 기회가 있다는 이야기로 정리할 예정이다. 한국은 예로부터 중국과 지리적으로 가까워 긴 세월 그들의 입김에서 자유롭지 못했다. 미국은 한국전쟁을 통해 우리에게 큰 도움을 주었으며, 전후부터 지금까지 한국의 최애 동맹국이다. 그간 한국은 '미국과는 동맹, 중국과는 교역'이라는 투 트랙(two-track) 전략을 취함으로써 나름 실익을 추구해왔다.

하지만 급박하게 돌아가는 주변 정세가 만만치 않다. 미국과 중국 양측에서 어느 한쪽을 선택하라는 노골적인 압박이 날로 거세질 거라는 예측도 쉽게 해볼 수 있다. 과연 우리는 어떤 선택을 해야 이로울까? 이 모든 상황을 고려할 때 미국의 반도체 확보 전략은 우리에게 위기와 기회를 동시에 심어준다고 봐야 적절할 듯하다.

우리 눈앞에 성큼 다가온 새로운 국면, 즉 넥스트 스테이지(next stage)에는 앞에서 밝힌 일곱 가지 이야기가 서로 얽히고설켜 있다. 이들 테마는 거스를 수 없는 큰 물결이 되어 우리 삶 속에 스며드는 중이다. 이제 본문에서 그 세세한 내용을 하나씩 차근차근 풀어가 보도록 하자.

Next Stage _ Chapter 1

Next Level,
저금리 시대가 끝나고
중금리 시대가 오다

INTRO

지금까지의 저물가-저금리 시대는 끝났다. 대신에 한 단계 높은 중물가-중금리 시대가 우리를 기다린다. 그렇다면 계속 금리가 오르는 상황이 이어질 것인가? 필자는 2022년 상반기에 금리 인상 속도가 정점을 찍고, 이후 안정적인 흐름을 보일 것으로 전망한다. 오히려 미국은 2022년 하반기에 들어서면서 경기 부진의 우려 때문에 금리를 인상하는 데 주저할 가능성이 높다.

주요 국가별 경제 전망

글로벌 경제에 큰 영향력을 행사하는 몇몇 나라의 상황부터 간략히 정리하는 것으로 이야기를 시작해보자. 굳이 제목을 가져다 붙이자면 '각개전투' 내지는 '차별화(differentiation)'라고 할 수 있다.

미국

미국의 2021년 GDP 성장률은 5.7%다. 이 수치는 1984년 이후 최고 기록이다. 2022년에는 약 4%대 성장률을 예상한다. 미국의 경우 명목 GDP 기준 23조 달러 정도니까 꽤 견고한 성장률이다. 그러나

2021년 대비 성장률이 낮아진다는 게 핵심이다.

한편 2021년 미국 물가 상승률은 3.2%를 기록했다. 3.2%는 지난 10년간 미국에서 가장 갈구했던 목표 인플레 2%를 훌쩍 웃도는 수치다. 그간 미 정부와 중앙은행의 목표는 2%였다. 그런데 2021년 드디어 2%를 상회한 3.2%를 기록했다. 이런 흐름이 2022년에도 이어질 것으로 보인다. 다만 물가 상승 압력은 1분기에 정점을 찍고 서서히 내려갈 것이다. 원자재 가격 상승률의 기저효과가 완화되고, 중국의 생산자물가 상승률 둔화 등 공급병목 현상이 점차 완화 조짐을 보이기 때문이다.

한편 미국의 중요 이벤트는 2022년 11월 미국의 중간선거다. 바이든 행정부의 지지율이 견고하지 못한 상태인지라, 미 중간선거 결과에 따라 바이든의 경제적·정치적 장악력이 약해질 수도 있음을 기억하면 도움이 될 것이다.

바이든 정부의 낮은 지지율은 피부로 느껴지는 코로나와 인플레이션 두 가지 걱정에 미 정부가 적절히 대응하지 못했다고 보는 미 국민들의 시각 때문이다. 물론 코로나와 인플레이션 문제를 바이든 행정부가 완벽히 통제하는 데는 한계가 있다. 그렇다고 이 문제를 모른 척하며 국민의 아픔을 가중시키겠는가. 만약 하반기 들어 미국의 인플레이션 압력이 완화되는 것을 확인한다면, 미 연준이 인플레이션 때문에 계속 금리를 올리면서 국민들의 이자 부담을 가중시키려 드는 것을 바이든도 지켜만 보지는 않을 것이다.

국가	경제성장률	물가 상승률	주요 이벤트
미국	2022년 4.0%	5.5% 2022년 1분기 정점 예상 7.3%	- 연준 3월 금리 인상 이후 QT (양적완화 축소) 일정 - 중간선거(2022년 11월 8일)
중국	2022년 4.9%	2.5% 2022년 2분기 정점 예상 2.5%	- 공동부유론 등 소비 중심 내수 개선 - 제20차 공산당전당대회 (2022년 10월 예정) - 베이징 동계올림픽(2022년 2월)
EU	2022년 3.9%	3.4% 2022년 1분기 정점 예상 5.7%	- 유럽중앙은행의 긴급자산매입 프로그램(PEPP) 2022년 3월 종료 - 프랑스 대선(2022년 4월 10일, 24일)
일본	2022년 3.3%	0.6% 2022년 2분기 정점 예상 0.8%	- 디플레이션 우려 완화, 부진한 고용 회복 - 참의원 선거(2022년 7월 25일)
한국	2022년 3.0%	3.1% 2022년 1분기 정점 예상 3.6%	- 금리 인상과 대출규제 지속 - 한국 대선(2022년 3월 9일) - 한국 총선(2022년 6월 1일)

중국

2022년 중국은 다이내믹한 모습을 보일 전망이다. 2021년 중국의 GDP는 8.1% 성장했다. 중국 정부는 양회에서 2022년 목표 성장률을 5.5%로 설정했지만, 전문가들은 2022년 5% 수준을 밑도는 경제 성장을 예측한다. 중국 역시 2021년 대비 2022년 성장 속도가 완만한 모습을 보일 것이다.

그러나 5% 성장도 말처럼 쉬운 일이 아니다. 해외 IB(모건스탠리, 골드만삭스 등의 투자은행)들에 따르면, 2022년 중국 경제성장률이 4% 후반에 그칠 것이라는 전망이 우세하다. 2021년 가을에 터진 **헝다 사태**를 비롯해 현재

> 헝다그룹은 1996년 설립된 중국의 대형 부동산 개발 업체다. 2020년 코로나19 이후 중국 정부의 부동산 대출 한도 규제와 무리한 사업 확장 등으로 이자 지급 중단을 발표하면서 유동성 위기를 맞았다. 2021년 9월 헝다그룹의 부채 추산 규모 360조 원에 달하며, 2022년에도 원금과 이자 상환이 예정되어 있어 디폴트 우려가 나온다.

공급 대란을 겪는 등 몇 가지 변수가 중국의 경제성장에 변수로 작용할 공산이 높다. 그리고 중국 물가의 선행지표인 돈육 가격과 생산자 물가의 추이를 감안하면, 중국의 물가 정점은 2분기일 것 같다.

한편 중국의 주요 이벤트는 2022년 2월 동계올림픽, 그리고 2022년 가을에 개최 예정인 제20차 공산당전당대회(6중전회)다. 시진핑의 3연임 여부가 최대 관심사로 꼽힌다. 현재 전 세계를 양분 중인 미국과 중국 모두 2022년 3분기 무렵 정치적 불확실성에 노출될 수 있다는 사실을 포인트로 생각해야 한다.

EU

EU의 2021년 GDP 성장률은 5.2%였다. 그런데 2022년에는 3.9% 성장을 예측한다. EU 역시 2021년과 비교했을 때 2022년 성장률

이 슬로다운(둔화)할 것으로 보인다. EU의 물가 또한 미국과 마찬가지로 3%로 높은 수준을 이어갈 것으로 보이지만, 그 정점은 역시 2022년 1분기가 될 것이다. 미국의 테이퍼링에 이어 EU 역시 '우리도 테이퍼링을 해야 하는 거 아닌가?'라는 논쟁이 불거진 상황이다.

유럽중앙은행(ECB)은 긴급자산매입프로그램(PEPP)을 2022년 3월에 종료하겠다고 선언했다. 유럽판 양적 완화를 끝내겠다는 시그널이며, 코로나 이후 돈을 긴급하게 풀었다가 이를 옥죄는 상황으로 변하고 있다. 유럽 국가 대부분은 관광업 비중이 높은데, 코로나 여파로 관광 산업에 큰 피해가 발생했다. ECB가 2022년 3월 PEPP 종료를 선언했지만, 2014년 남유럽(PIIGS) 위기부터 지속해오던 자산매입 프로그램(APP)은 확대해 단계적으로 부양 규모를 줄이기로 했다.[7] 이런 우려가 현재 환율에 반영되어 있기도 하다. 즉 유로화가 몇십 년 만에 최저를 기록한 것이다.

EU의 이벤트 중에서는 프랑스 대선을 눈여겨봐야 할 것 같다. 프랑스 대선은 2022년 4월 10일(본선투표), 24일(결선투표) 두 번에 걸쳐 실시된다. 브렉시트(Brexit)로 영국이 EU에서 탈퇴한 이후 유럽의 두 절대 강자 프랑스와 독일의 경제 상황이 중요하다. 독일은 상당히 견고한 경제 분위기를 보이는 반면, 프랑스는 최근 들어 성장 모멘텀이

---

7 유럽중앙은행은 기존 APP 채권 매입을 매월 200억 유로에서 2분기 매월 400억 유로로, 3분기 매월 300억 유로로 각각 200억 유로와 100억 유로 확대한 후, 4분기에는 200억 유로로 기존 매입 속도로 돌아가기로 2021년 12월에 발표했다.

약해진 모습이다. 물론 가능성은 희박하지만, 영국의 EU 탈퇴 후 만약 또 다른 나라가 EU에서 탈퇴한다면 과연 북유럽 국가 중 하나일지, 아니면 핵심 국가인 독일이나 프랑스가 그 주인공이 될지 관심을 가질 수밖에 없다. 프랑스 대선의 결과가 1789년 프랑스 대혁명처럼 유럽 정치권의 나비효과가 될지 지켜볼 일이다.

일본

\

/

일본은 간략히 살펴보도록 하자. 2022년 일본 경제는 그다지 희망적이지 않다. 한마디로 재미가 없다. 이렇게 진단하는 이유는 GDP 성장률의 정체에서 찾아볼 수 있다. 일단 일본의 2022년 성장률은 3.3%를 보일 전망이지만 지난해 부진에 따른 기저효과를 차치하고 나면 여전히 부진한 성장세다. 다만 한 가지 눈여겨봐야 할 일본의 정치 이벤트는 2022년 7월에 치러질 참의원 선거다.

일본의 선거제도는 조금 복잡한 편인데, 간략히 말하자면 의회가 중의원과 참의원으로 나뉘어 있다는 점이다. 중의원은 선거를 통해 결정되고, 참의원은 거의 세습 형식이다. 올해 예정된 것은 참의원 선거다. 만약 현 기시다 후미오 총리가 2022년 7월 선거에서 승리한다면 안정적인 의석을 바탕으로 장기집권의 길을 갈 수도 있다.

프랑스는 독일과 한배를 탈까?

유럽에서는 원전 테마가 큰 이슈로 떠오르고 있다. 에너지 자급도가 가장 절실한 지역이 바로 유럽인데, 유럽은 러시아가 공급하는 천연가스에 대한 의존도가 50%를 넘는다. 결국 유럽은 늘 러시아의 눈치를 볼 수밖에 없다. 특히 독일은 최근 러시아-우크라이나 간 무력 대치 상황 속에서 동맹국인 미국과 유럽의 행보와 다른 모습을 보여주기도 했는데, 이런 결과도 따지고 보면 러시아가 공급하는 천연가스와 밀접한 관계가 있다.

어쨌든 유럽은 에너지 자립을 도모하고자 해도 사정이 여의치 않다. 친환경 풍력의 효율성도 생각보다 많이 떨어지는 상황이다. 그런 가운데 가장 빠르고 가성비 높은 에너지원이 원전이다(물론 원전 사고에 대한 불안함이 존재하지만).

유럽의 쌍두마차 독일과 프랑스는 원전을 바라보는 시각이 서로 다르다. 독일은 원전 폐쇄, 프랑스는 원전 건설에 적극적이다. 결국 프랑스 대선에서 누가 승리하느냐에 따라 원전 정책이 달라질 가능성이 있다. 만약 프랑스에 새 정권이 들어서고 독일과 같은 원전 폐쇄 입장에 동의한다면, 원전 관련 이슈가 기존과 달리 상당 부분 곤두박질칠 수도 있다.

한국

한국은 금리 인상이 중요한 이슈가 될 것이다. 2022년에 과연 금리가 얼마나 인상될까? 한국은행은 2021년 11월 25일에 이어 2022년 1월 14일에도 기준금리를 1.25%로 인상했다. 즉 코로나 시절에 0%대였던 금리가 코로나 이전 수준으로 회귀하는 것이다. 새로 들어선 정부도 기존의 통화정책을 함부로 바꿀 수는 없을 것이다. 국내 가계부채가 GDP 규모를 넘었지만 외환시장을 통한 자금이탈 가능성을 대비하고 글로벌 통화정책 정상화 흐름과 발맞추어야 하기 때문이다. 적어도 연내에 금리를 한두 차례 더 인상할 가능성이 높다는 관

●······ **한국은행 기준금리 변동 추이**

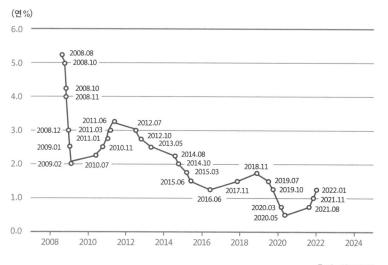

출처: 한국은행

련 전문가들의 공통적인 의견을 기억하면 도움이 될 것이다.

지금까지의 내용을 간단히 정리하자면, 미국·중국·유럽·일본·한국 모두 2022년 상반기에 물가가 정점을 찍고, 성장률은 2021년보다 속도감이 낮아질 것이라는 공통점이 있다. 또한 국가별로 시기는 조금씩 다르지만 정치적 불확실성에 한 번 정도 노출될 가능성도 우리가 주목해야 할 부분이다.

백 투 노멀, 다시 정상화로

코로나 발생 직후인 2020년에는 글로벌 경제가 휘청거렸다. 그러나 2021년에는 각국 중앙은행과 정부의 대규모 정책 공조 덕분에 과거의 부진했던 성장세를 상당 부분 넘어서는 결과가 나타났다. 그러나 2022년은 다시 제자리로 돌아가는 해가 될 것으로 보인다. 필자가 이렇게 전망하는 근거는 글로벌 경기의 대표 선행지수인 OECD 경기선행지수의 둔화 때문이다.

여러분도 주지하고 있듯 선행지수는 실물 경제를 최소 2분기 정도 앞선다. 최근에 발표된 선행지수는 전반적으로 상승폭이 둔화된 모습을 보여주었다. 이 말은 다시 과거의 추세로 회귀할 가능성이 높다는 의미로 해석할 수 있다. 여기서 한 가지 포인트는 성장은 하되, 그

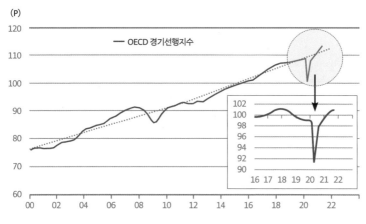

●······ **OECD 경기선행지수(2021년 2분기 고점)**

출처: 리피니티브, 두물머리

상승폭이 2021년처럼 크지 않을 것이라는 점이다.

　그렇다면 물가는 어떤 모습을 보여줄까? 조심스럽게 예측해보건대, 2022년 상반기까지는 물가 상승에 대한 우려가 높을 것 같다. 전 세계의 소비자물가가 크게 오르는 상황이다. 경제학에서 정의하는 인플레이션은 실질 GDP 성장률과 **잠재성장률**의 차이(아웃풋 갭, output gap)가 플러스 국면일 때 물가가 계속 오르는 현상을 뜻한다. 경제학자들은 이를 인플레이션 압력이 높다고 표현한다. 거꾸로 아웃풋 갭의 차이가 0 이하 수준, 즉 마이너스를 보인다면 디플레이션 상황이다.

> 잠재성장률이란, 한 국가가 동원 가능한 생산요소들(자본, 노동력, 자원 등)을 모두 투입해서 최대한으로 달성 가능한 성장률을 뜻한다. '잠재'라는 단어에서 짐작할 수 있듯 성장에 필요한 능력치를 모두 끌어낸다는 뜻으로 보면 된다.

여기서 핵심은 2022년부터 인플레이션 압력이 매우 높아졌다가 서서히 압력이 줄어들 것이라는 점이다. 2022년 초에는 글로벌 경제 내에서의 공급 차질과 기저효과로 전 세계 소비자물가가 공통적으로 한 단계 높아진 상황인데, 이 상승 폭이 차츰 안정세를 보일 것으로 생각한다.

참고로, 글로벌 경제 전반적인 환율과 금리, 그리고 국제유가에 대한 전망은 간략하게 표로 정리해 소개한다.

●···· 환율, 금리, 유가 추이 및 전망

환율*	금리	유가
- 달러: 2022년 상반기 강세, 금리 인상 기대 희석되며 2022년 하반기로 갈수록 약보합 전망 - 유로화: 점진적인 강세 전망(2021년 1.13→2022년 1.20달러/유로) - 엔화: 점진적인 약세 전망(2021년 115→2022년 121엔/달러) - 위안화: 강세 전망(2021년 6.37→2022년 6.22위안/달러) - 원화: 강세 전망(2021년 1,188→2022년 1,080원/달러)	- 미국: 2022년 상반기 금리 인상 시작 - 유럽: 2023년 상반기 금리 인상 시작 - 일본: 2024년 상반기 금리 인상 시작 - 중국: 선별적 완화정책과 긴축정책 병행 - 한국: 2022년 기준금리 총 네 차례 인상(2022년 말 2.0% 예상)	- 그린플레이션과 병목 현상으로 2022년 상반기 유가 정점 예상 - 이란 제재 완화 기대로 2022년 하반기 유가 상승 폭 둔화

출처: 두물머리
*환율은 기말값

빈센트의 환율 전망

환율은 어떤 금리 차이의 결과물일 수도 있고 수급의 결과물일 수도 있다. 투자자 입장에서 환율은 해외 투자에서 가장 중요한 대비 변수(proxy)이기도 하다. 그래서 환율이 매우 중요한 것이다. 달러를 기준으로 말하자면, 2022년 상반기까지 강세 압력이 이어질 듯하다. 2022년 초인 현재도 상당 부분 강세 압력이 이어지고 있다. 그러나 2022년 하반기로 갈수록 지금과 다른 분위기로 바뀔 것 같다.

1년 내내 강할 것 같아도 세상에 영원한 건 없다. 아마 2022년 하반기에는 좀처럼 높아지지 않는 경제활동참가율 등 고용시장 회복 속도에 대한 우려와 경기가 부진할 수도 있다는 염려 때문에 미 연준이 금리를 생각보다 빠르게 올리지 못할 가능성이 있다. 여기에 인플레이션 상승 압력 둔화까지 더해진다면 달러 강세는 연말로 갈수록 주춤할 전망이다. 환율은 늘 상대성이 있다. 달러가 연말로 갈수록 약해진다는 건 유로화, 위안화, 한국 원화가 연말로 갈수록 계속 강세 압력이 높아진다는 이야기다.

정리하자면, 2022년 상반기까지 강세 압력이 높아지지만 연말로 갈수록 강세 압력 자체가 누그러진다. 이 경우 반대 포지션에 놓인 유로화, 위안화, 한국 원화 등이 연말로 갈수록 강해질 것으로 전망한다.

빈센트의 국제유가 전망

국제유가를 전망하는 전문가들의 시각도 엇갈리는 상황이다. 물론 필자와 반대 의견도 있겠지만, 개인적으로는 서부텍사스유(WTI) 기준 필연적으로 국제유가가 상승할 것이라고 본다. 이렇게 전망하는 이유 중 하나가 그린플레이션(greenflation)의 영향 때문이다. 즉 산업이 친환경으로 빠르게 바뀌며 화석연료에 대한 투자가 상당 부분 제한될 것이고, 그 공백 기간 동안 유가 인플레이션이 나타날 것이 자명하다.

그리고 그린플레이션 영향뿐 아니라, 글로벌 경제의 병목 현상도 살펴봐야만 유가를 짐작할 수 있다. 이 말은 코로나 여파로 글로벌 경제가 침체에 빠져 소비가 줄어드니 원유 생산에 차질이 있었는데, 차츰 코로나가 엔데믹 상황으로 바뀌고 있다는 인식 변화에 따라 수요가 급격히 늘고 있는 것이다. 그러니까 생산과 수요의 미스 매치 상황이 국제유가를 한 단계 끌어올릴 수 있다고 본다.

물론 개인적인 시각이지만 2022년 상반기 서부텍사스유 기준 150달러에 근접할 수도 있다고 본다. 그러나 국제유가 역시 2022년 상반기가 고점이 될 것 같다. 만약 현재 유가와 관련된 투자를 하고 있거나 계획 중이라면 참고하길 바란다.

테이퍼링과 금리 인상 그리고 양적 긴축(QT)

미국은 현재 크게 두 가지 정책을 펼쳐가고 있다. 다름 아닌 테이퍼링과 금리 인상이다. FOMC(Federal Open Market Committee, 연방공개시장위원회)는 당초 테이퍼링을 2022년 중반까지 진행할 예정이었지만, 그 시기를 조금 더 앞당겨 2022년 3월 안으로 마무리한다는 계획을 실천 중이다.

FOMC는 연 8회(6주에 1회씩) 연방준비제도이사회가 펼쳐나갈 금융정책을 발표하는 정례 모임이다. 쉽게 비교하자면 한국의 금융통화위원회와 유사하다. 금리 인상의 여부와 통화 공급량을 결정하고 전반적인 경제 상황에 대한 종합적인 분석을 수행한다.

이 내용을 잘 아는 분들도 있겠지만 테이퍼링 정책을 마무리한다는 이야기는 무슨 의미일까? 간단히 말하면, 달러를 전 세계에 공급하는 미 연준이 공급량을 줄여간다는 의미다.

그간 연준은 월 1,200억 달러 규모의 자산(채권 등)을 매입하는 방법으로 양적 완화를 진행했는데,[8] 2021년 가을부터는 자산 매입 규모를 줄여가는 양적 긴축(Quantitative Tightening) 정책을 진행했다.

코로나가 아직 진행 중인데도 테이퍼링을 예정보다도 빠르게 마무리하겠다는 속내는 물가 압력, 즉 인플레이션 문제를 선제적으로 대응하겠다는 것으로 파악해야 한다. 테이퍼링을 시작한다는 것은 또한 연준이 필요하다고 판단한다면, 언제든 금리를 인상하겠다는 뜻이 숨어 있다. 그렇다면 미국은 테이퍼링과 금리 인상 두 가지 정책을 동시에 진행할까? 과거 미 연준은 2014년 10월 테이퍼링 종료 이후 1년 2개월 만인 2015년 12월에 금리를 인상했다.

다만 이번에는 테이퍼링 종료와 금리 인상 시작이 동시에 진행될 가능성이 높다. 미 연준 의장 제롬 파월이 공개석상에서 밝히기도 했지만, 필자가 그렇게 생각하는 이유는 코로나 위기를 지나면서 이전보다 2배 이상 증가한 연준의 자산 규모를 차치하더라도 인플레이션 압력이 높아도 너무 높기 때문이다. 미국의 경우 40년 만에 소비자물가 상승률이 최고치를 기록했고, 미국 국민들의 기대 인플레이션도 덩달아 큰 폭의 상승세를 보이고 있다.

그런데 인플레이션을 결정하는 선행지표들은 둔화를 보인다. 이는

---

8 미 중앙은행인 연준이 자산을 매입하고 그 비용을 지불하는 데 필요한 달러를 찍어낸다. 그렇게 새로운 달러가 시중에 풀린다.

테이퍼링과 금리 인상을 동시에 가져가지만 금리 인상의 속도, 즉 긴축의 강도는 점차 완화될 수 있다는 것이다.

인플레이션 선행지수의 흐름

인플레이션 선행지수들의 흐름을 살펴보겠다.

첫째, 미국 소비자물가 상승률에 6개월 정도 높은 선행 상관관계를 보이는 ISM 제조업 지수 중 가격지불지수(price paid)가 하락하고 있다. ISM 제조업 가격지불지수는 미국 제조업체가 물건을 구매할 때

●····· **미국 소비자물가 상승률과 ISM 제조업 가격지불지수**

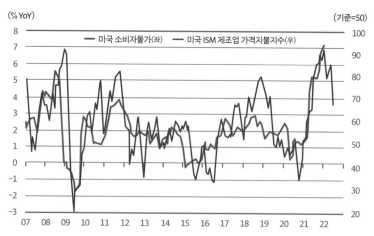

출처: 두물머리
주: ISM 제조업 가격지불지수를 미국 소비자물가 상승률에 6개월 선행시킴

얼마나 비싸게 또는 싸게 사는지를 나타낸 물가지수다. 최근 이 지표가 큰 폭의 하락세를 보이고 있다.

둘째는 미국 물가에서 가장 많은 비중을 차지하는 주택 가격이다 (소비자물가에서 주거비 항목이 차지하는 비중은 33.7%다). 미국의 집값은 꽤 높은 편인데, 최근 들어 집값 상승 속도가 둔화된 모습이다. 높은 집값과 상승 속도 등이 미국 물가 상승에 미치는 영향을 두고 전문가들 사이에 이견이 있지만 인플레이션 압력은 속도에 더 민감한 상황이다.

셋째는 원유로 대표할 수 있는 원자재 가격이다. 2022년 3월 초 서부텍사스유 가격이 100달러를 넘어섰다. 고공행진의 모습을 보이는 원유의 경우 2022년 상반기에 좀 더 오를 가능성도 있다. 이 때문에 상반기에 미 연준의 금리 인상이 가팔라질 것이라는 시각이 빠르게 확산되고 있다. 유가가 150달러에 이를 것이라는 전망도 나와 있는 상태다. 그러나 유가 역시 하반기로 접어들면 차츰 안정세를 보일 것으로 전망한다.

이상의 세 가지 상황들을 감안하면 인플레이션이 전반적으로 레벨 자체가 높아질 수밖에 없는 상황이긴 하지만 그 상승 속도가 상당 부분 정점을 찍고 천천히 내려오는(슬로다운) 시점이 올 것 같다. 특히 미국의 금리 인상은 신흥국이 보유한 달러의 이동을 부추겨 자칫 어떤 국가에는 외환위기를 불러올 수도 있다. 과거 신흥국들의 금융위기의 역사를 돌아보면, 외환시장에서 촉발한 사례가 대부분이었다.

이런 상황들을 종합하면, 현재 진행 중인 테이퍼링과 향후 있을 금리 인상 정책은 과거 2014년과는 달리 빠르게 진행될 것을 대비해야 한다. 하지만 궁극적으로 하반기에는 그 속도가 조절되는 '전강후약'의 연준 긴축 속도를 예상해볼 수 있다.

금리의 방향은
어디로?

금리의 향방이 돈의 흐름을 결정한다. 그러니까 돈을 움직이도록 만드는 발이 곧 금리다. 좀 더 폭넓게 보자면 세상의 변화라는 것도 사실 돈의 흐름이라 표현해도 무방할 것 같다. 최근 시장에서는 금리가 과연 어떤 방향으로 변할지, 즉 그간의 기조대로 현 상태의 낮은 수준으로 유지될지, 또는 인플레이션 우려가 팽배한 만큼 금리가 높아질지에 관심이 높다. 금리에 따라 돈이 움직이니까 말이다.

지난 10년 동안 우리는 성장도 더디고 물가도 낮은 시대를 살아왔다. 금리는 어떤 측면에서는 비용이고, 한편으로는 투자의 이윤이기도 하다. 그 이유는 금리가 기대수익률을 반영하기 때문인데, 돈을 빌리는 사람에게는 금리가 낮아야 유리하고 투자자에게는 금리가 높아야 유리하다. 돈을 빌려줄 때 이자가 높아야 수익이 상대적으로 커지니까 그렇다. 금리의 높낮이에 따라 글로벌 경제주체뿐 아니라 개인도 큰 영향을 받을 수밖에 없다. 그래서 경제에 조금이라도 관심이 있는 사람이라면, 특히 달러 금리를 결정하는 미 연준의 통화정책을 예의주시할 수밖에 없다.

미 연준의 파월 의장은 다음과 같은 의견을 시장에 흘리고 있다.

"테이퍼링과 금리 인상은 별개다!"

—2021년 11월 FOMC

"테이퍼링은 3월에 종료하고 금리 인상 가능성을 고려하고 있다."

—2022년 1월 FOMC

"이번 회의에서 금리 인상률을 25bp로 고려하고 있다."

— 2022년 3월 하원 연설

개인적으로는 3월 테이퍼링 종료와 동시에 금리 인상이 진행될 것으로 전망한다. 이에 대해서는 다시 후술하겠지만, 어쨌든 최근 연준은 급격한 물가 상승(인플레이션 압력)과 예상보다 빠르게 진행되는 노동시장 회복 상황에 비추어 매파적 통화정책으로 태도를 바꾸었고, 이와 동시에 서너 차례의 금리 인상을 시사했다. 코로나 상황에서 실시했던 양적 완화, 경기부양책보다 인플레이션 압력을 관리하겠다는 의지로 볼 수 있다.

재패니피케이션

여기서 잠시 과거의 사례를 하나 살펴보겠다. 금리가 계속 낮은 상황이 지속되면, 이른바 '재패니피케이션(Japanification, 일본화)'이 될 수도 있다. 재패니피케이션이란 오랜 시간 경제가 저성장을 유지하고 물가 역시 제자리걸음인 디플레이션 상황이다. 일본의 버블 붕괴 후 20년 이상 지속된 일본 경제를 빗댄 용어로서 장기간의 저성장, 저출산 및 고령화, 그리고 디플레이션, 이들 세 가지 현상이 언제부턴가 일본 경제의 상징이 되었다.

일례로 1990년대 초 일본 은행원의 연봉이 무려 30년 가까이 오르지 않는 기이한 현상이 벌어지기도 했다. 디플레이션 상황에서는 기업들이 투자를 꺼리고 그 결과 경제가 정체되게 마련이다. 비단 일본뿐 아니라 몇몇 나라를 제외한 세계 대부분의 국가가 코로나 시대에서는 낮은 금리와 성장이 더딘 디플레이션 늪에서 헤어나지 못했다.

한편 미국의 경우 끝없는 선순환, 즉 돈이 미국으로 흘러들고 투자를 확대함으로써 세계 경제의 헤게모니(우두머리 자리의 권력)를 장악해왔다. 그렇지만 이 같은 선순환에 변화가 나타나기 시작했다. 어느 순간부터 미국 역시 점점 일본화되어가고 있다. 미국 경제의 재패니피케이션화는 어떻게 시작되었을까?

바로 2008년 미국에서 벌어진 서브프라임모기지 사태(리먼 브라더스 파산 사태)에서 비롯되었다. 미국은 서브프라임모기지 사태 이후 저금리 정책을 실시해 돈을 엄청 쏟아붓기 시작했다. 그 결과 경제가 일부 회생했다. 그러나 시장의 보이지 않는 손, 즉 자생력이 없는 기업들은 자연스럽게 도태되는 순기능이 희석되며 좀비 기업을 양산했다. 그렇게 미국 경제가 점점 더 일본화되어가는 상황을 동시에 경험해야만 했다.

이 사례에서 보듯, 돈을 무작정 푸는 양적 완화가 항상 좋고 옳은 것만은 아니다. 자칫 디플레이션의 덫에 빠질 수 있으니까 말이다. 2019년 말에 발생한 코로나 사태로 전 세계는 과거에 경험하지 못한 전대미문의 상황과 마주했다. 글로벌 교류가 멈추고, 사람들은 직장을 잃었으며, 국가별 그리고 개인별로도 양극화가 한층 더 심화되었다. 무엇보다 수많은 사람들이 코로나로 죽어가는 모습을 무기력하게 지켜볼 수밖에 없었다. 각국 정부는 돈을 풀어 경기를 부양하는 정책 외에는 뾰족한 묘수나 처방전이 부재했다.

하지만 요원할 것 같았던 코로나 사태도 끝자락이 보이는 듯하다 (물론 아직도 팬데믹은 진행 중이다. 예측 불가능한 럭비공처럼 향후 어느 방향으로 전개될지 장담하기엔 다소 이르기는 하지만). 전 세계적인 공조화에 힘입어 빠른 시일 내에 백신과 치료제가 출시되었고, 특히 오미크론 변이 이후 팬데믹에서 엔데믹 상황으로 급변할 수 있을 것이라는 희망 섞인 보고가 여기저기서 들리기 시작한다.

서브프라임모기지 사태의 전말

서브프라임모기지는 신용이 낮은 사람들이 받는 주택담보대출이다. 2000년대 초 미국은 IT버블 붕괴, 9·11 테러, 이라크 전쟁 등을 겪으며 극심한 경기 침체에 빠졌다. 결국 미국은 경기부양책으로 초저금리 정책을 펼쳤다. 그런데 금리가 낮아지면서 부동산 가격이 오르는 일이 벌어졌다. 미국의 부동산 가격 상승을 바라보던 전 세계 금융회사들은 주택저당증권(MBS, Mortgage Backed Securities), 부채담보부증권(CDO, Collateralized Debt Obligation) 상품을 출시했다.

부동산 가격 상승이 가팔라지자 은행에서 돈을 빌린 소비자가 만약 여의치 못해 돈을 못 갚는 상황이 와도 높아진 부동산 가격으로 충분히 충당할 수 있는, 따라서 원금 손실 가능성이 거의 없는 상황이라고 판단해 상품을 만들어 출시한 것이다. 금융회사들은 원금 손실 리스크가 없다고 판단한 MBS 발행을 점점 늘려갔고, 기존에는 프라임 계층에만 돈을 빌려주었지만 점점 서브프라임 계층으로 대출 범위를 확대했다. 그래서 누구나 돈을 빌릴 수 있었다.

그런데 장기간 돈을 빌려주는 MBS에 투자한 사람들은 유동성 문제가 골칫거리였다. 곧 새로운 아이디어 상품인 CDO를 발행해 다른 투자자들에게 팔기 시작했다. 이것이 파생상품의 시작이다! 그렇게 만들어진 파생상품은 기하급수적으로 늘었는데, 심지어 어느 한 파생상품의 구조가 어떻게 연결되어 만들어졌는지조차 파악할 수 없었다.

당시 미 연준은 2004년 경기부양책으로 유지해온 저금리 정책을 종료한다고 발표했다! 하지만 사람들은 그동안 크게 올라 과열된 부동산 시장 상황을 인지하지 못했고, 미 연준의 저금리 정책 발표 2년 후인 2006년에 와서야 부동산 시장에 거품이 엄청나다는 걸 깨달았다. 그리고 순식간에 MBS, CDO를 발행했던 금융회사들(원금 상환 능력이 안 되는 사람들에게 무차별적으로 돈을 빌려준 이들)은 원금조차 못 건지는 손실을 견디지 못하고 줄지어 파산했다.

상황이 심각하게 돌아갔지만 미 정부는 넘어지는 금융회사들을 구제하지 않겠다고 발표했고, 이에 미국의 대형 금융사들도 파산의 덫에 걸렸다. 대표적인 금융사가 당시 세계 4위 규모를 자랑하던 리먼 브라더스(Lehman Brothers)다. 대형 금융사의 파산은 전 세계 경제, 특히 미국 경제에 의존하던 수많은 국가들에 부담을 주었다. 이것이 바로 2008년 경제 위기라 불리는 미국 서브프라임모기지 사태의 전말이다.

미 연준 기준금리(좌)   미국 경제활동참가율(우)

출처: 리피니티브, 두물머리

다시 금리 이야기로 돌아가자. 미 연준은 과연 금리를 언제 얼마나 올릴까? 이를 유추해볼 수 있는 자료가 있다. 바로 미국의 '경제활동 참가율'이다. 이는 전체 생산인구 중에서 경제활동에 참여하는 사람들의 비율이다. 미국 경제활동참가율은 코로나가 처음 발생했을 때 엄청 낮아졌다가 조금 반등하는 모습을 보였지만, 코로나 이전 수준과 비교하면 아직 괴리가 있다. 이 말은 코로나의 여파로 고용시장에서 이탈한 사람들 중 상당수가 아직 일터로 복귀하지 못했다는 뜻이다. 이것이 핵심이다.

미 연준은 고용시장으로 사람들이 얼마나 유기적으로 들어오는지를 확인하며 금리정책을 결정한다. 만약 경제활동참가율이 낮은 상태라면 금리를 쉽게 올리지 못한다. 과거에도 미국은 이 같은 경험을 했다. 따라서 미 연준은 매월 발표되는 미국의 경제활동참가율 수치가 대략 6개월 정도 더 이상 내려가지 않고 아래를 지지하거나 고개를 들 때, 아마도 그 시기에 금리를 올릴 것이라고 전망한다. 인플레이션을 잡기는 해야겠지만, 고용이 회복되지 않은 상태에서는 지속적으로 금리 인상을 강행할 수 없을 테니 말이다. 금리 인상은 결국 고용회복 속도에 따라 달라질 것이다.

금리와 미국 경제활동참가율의 상관관계

미 연준의 금리 인상을 결정하는 중요한 자료가 경제활동참가율이다. 최근 미국의 경제활동참가율을 살펴보면 여전히 코로나 위기 이전과는 큰 폭의 괴리가 있는 모습이다. 여기에는 몇 가지 원인이 있다.

먼저, 경제활동에 참여할 수 있는 사람들이 점점 더 늙어간다는 점이다. 코로나가 장기화되면서 은퇴 연령 전에 있던 사람들의 조기 은퇴가 빨라졌다. 코로나 이후 정년이 되어 은퇴한 사람들은 복귀하지 못하는 것이다.

또 하나는 미국인들이 그다지 열심히 경제활동을 하지 않더라도 자산 가치가 높아져 대부분 먹고사는 데 지장이 없기 때문이다. 일하지 않아도 벌이가 되다 보니 일터로 복귀하지 않는다. 이러한 풍토는 MZ세대의 안티워크(anti-work) 현상으로 나타나고 있다.

이러한 변화로 미국 경제활동참가율이 횡보하는 모습을 보인다. 지난 2004년과 2015년 미 연준이 금리를 드라마틱하게 올렸을 당시의 경제활동참가율도 참고가 된다. 공통적으로 금리 인상 시기는 경제활동참가율의 하락 폭이 멈추거나 다시 조금 회복되었을 때라는 사실을 알 수 있다. 이는 경제활동참가율이 내려가면 쉽게 금리를 올리지 못한다는 점을 시사한다. 결국 미 연준은 경제활동참가율 하락세가 끝났다고 판단하거나 참가율이 우상향할 때 금리를 올렸다.

다시 현재로 돌아와서, 코로나 이후 미국의 경제활동참가율은 급하락 후 잠시 V자 반등을 했다. 그러나 코로나 이전 수준인 63.5%보다 대략 2% 정도 낮은 61%대에 머물러 있다. 이를 사람 수로 계산하면 600만 명 정도다. 이 말은 코로나가 터진 후 고용 시장에서 600만 명이 이탈했다는 뜻인데, 이들이 아직 돌아오지 않았다. 아마 미 연준은 일터를 떠난 사람들이 제자리로 돌아와야 금리를 올릴 것이다.

필자는 적어도 경제활동참가율이 코로나 이전의 수준에 근접한 62% 선에 이르며 우상향하거나, 큰 부침 없이 적어도 6개월간 현재 상태가 이어진다는 확신이 들 때, 미 연준이 금리를 올릴 것이라고 본다. 그러나 경제활동참가율에 하락세가 나타나면 금리를 올리기를 주저할 수 있다. 미 연준의 통화정책은 겉보기엔 매파적일 수도 있지만, 미국의 경제활동참가율이 얼마나 급격히 상승하느냐에 따라 그 속내가 드러날 것이라고 하겠다.

더욱 거세지는
인플레이션 압력

코로나가 촉발한 경제 위기는 아마 그동안의 경제학적 관점에서 보더라도 아마 가장 빨리 극복한 경제 위기일 수 있다. 그렇다면 무엇 때문에 이렇게 빨리 위기에서 벗어날 수 있었을까? 그 원인은 폴리시믹스(policy mix), 그러니까 국가와 중앙은행이 동시다발적으로 무한정 돈을 공급함으로써 경제성장과 안정을 동시에 실시한 정책 덕분이다. 물론 폴리시믹스의 부작용으로 양극화가 더욱 짙어지는 일도 벌어졌다. 그러나 앞으로는 국가들이 무한정 돈을 공급하는 정책을 더 이상 펼쳐나가기 힘들 듯한데, 각 정부의 GDP 대비 부채비율에서 그 힌트를 얻을 수 있다. 우리 역사상, 정확히 말해 근대화 이후 가장 부채가 많았던 때는 제2차 세계대전 시절이었다.

●·····**OECD 정부부채(GDP 대비 비중)**

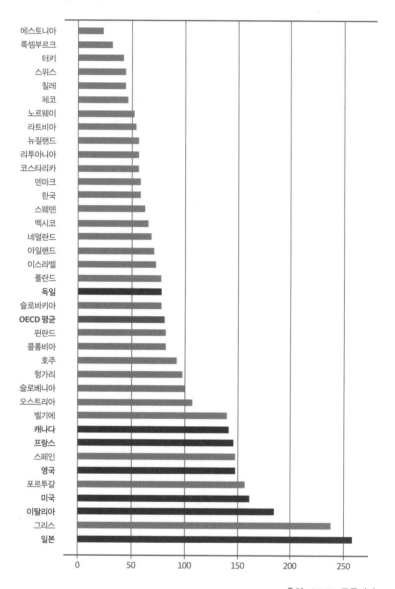

출처: OECD, 두물머리

과거 제2차 세계대전 당시 주요 선진국의 GDP 대비 정부부채는 124% 수준이었다. 그런데 최근 선진국들은 코로나를 겪으며 정부부채 수준이 제2차 세계대전 시절의 수치를 넘어선 127%에 이르렀다. 그러니까 전쟁 시기보다 훨씬 더 많은 부채를 각 국가가 짊어지게 된 것이다. 이렇게 부채가 크게 늘어난 이유는 코로나를 극복하고자 재정 및 유동성 지원에 돈을 쏟아부었기 때문이다.

나라마다 GDP의 최대 40%에서 최소 14%, 평균적으로 약 20~30% 수준의 GDP 대비 정부부채를 쏟아냈다. 만약 각 나라의 정부부채에 여유가 있다면 모를까, 더 이상은 돈을 풀기가 어려워졌다. 앞서 말한 국가와 중앙은행이 동시에 돈을 푸는 폴리시믹스 정책도 여의치 않다. 요즘 최대 이슈인 인플레이션 압력에 놓여 있기 때문이다. 필자는 단언컨대, 현재의 물가 상승 압력은 미 연준이 많은 돈을 풀었기 때문이라고 생각한다.

중국의 영향

세계의 생산 공장이라 불리는 중국의 상황은 어떨까? 사실 중국 정부도 엄청나게 유동성을 확대했다. 또 지난 30년 중 최고치를 기록한 중국 생산자물가(13.5%)도 무척 중요하다. 중국의 생산자물가가 높다는 건, 간략히 말해 중국이 물건 값을 올렸다는 뜻이다. 전 세

미국, 유로존, 영국, 한국 소비자물가 상승률 추이

(% YoY)

출처: 리피니티브, 두물머리

계적으로 중국 제품을 사용하지 않는 나라는 거의 없다. 따라서 중국 생산자물가가 높으면 자연스럽게 전 세계의 물가가 덩달아 오르게 마련이다.

실제로 미국, 영국, EU, 한국 등의 소비자물가 현황을 살펴보면, 2020년 이후 급격히 올라 있는 상태다. 중국이 물건을 비싸게 공급하다 보니 전 세계가 비싸게 사는 구조다. 더군다나 코로나가 닥친 이후로 물건 생산과 공급에도 차질이 생겨 물건 값이 더욱 치솟기도 했다.

인플레이션의 시발점으로 필자는 중국을 손꼽는다. 그리고 중국의 생산자물가에 주목하고 있다. 전 세계가 중국 제품을 사용하기 때문에 중국의 생산자물가의 높낮이가 전 세계 물가를 움직이도록 하는 한 가지 지표라 할 수 있다.

그리고 하나 더 살펴봐야 할 것이 중국 위안화다. 만약 위안화가 강세라면 중국 소비자들은 돈의 가치가 높아진 만큼 저렴한 가격으로 물건을 구매할 수 있고, 이는 중국의 생산자물가를 낮추는 결과로 이어질 수 있다. 흥미로운 점은 최근 중국 인민은행(PBoC)의 연이은 금리 인하에도 불구하고 위안화가 매우 강한 모습을 보이고 있다는 것이다. 위안화 강세는 인플레이션 압력을 낮출 수 있다. 다음 챕터에서 자세히 소개하겠지만, 중국은 국가 발전을 도모하기 위해 자국 인민들의 소비를 촉진하는 정책을 확대해갈 것으로 보인다.

- *중국의 생산자물가 상승 → 미국 수입물가 상승 → 미국 소비자물가 상승*
- *중국 정부의 내수 부양 의지 강화 → 위안화 강세 유인 확대 → 중국발 인플레이션 압력 완화*

참고로, 인플레이션이 높아지면 시중에 풀린 유동성이 축소되게 마련이다. 이 말은 금리 인상이 이루어질 것이라는 이야기다. 정책 당국은 금리를 높임으로써 유동성을 흡수한다. 금리 인상은 두 가지 측면이 있다. 하나는 상승하는 물가를 잡을 수 있는 정책이라는 점, 다른 하나는 경기를 급랭시키는 면도 있다는 점. 따라서 두 가지 측면을 잘 고려해 균형 있는 정책을 펼치는 것이 무척 중요하다.

저금리 시대에서 중금리 시대로

앞서 밝힌 대로 전반적인 글로벌 경제 흐름은 물가 상승 국면이다. 오랜 시간 지속된 저금리 시절이 끝나가고 있다. 미국의 통화정책은 매파적 태도를 취함으로써 실물 경제에 강압적으로 다가올 것이다. 2022년 상반기 동안은 미 연준의 금리 인상에 대한 우려가 시장을 얼어붙게 만들 수 있다. 이런 시기에는 굉장히 전략적인 접근이 필요하다. 친절한 미 연준은 3개월 분기마다 시장에 정보를 알려준다. 연준에 포함된 위원들은 무기명으로 자신이 적당하다고 생각하는 수준에 하나의 점을 찍는다. 바로 그 유명한 연준의 점도표(dot plot)다.

2022년 말의 금리는 연초보다 다소 높을 것으로 예상해볼 수 있다. 분명한 건 제로금리 수준에서 벗어나 2022년 말에는 1%, 2023년

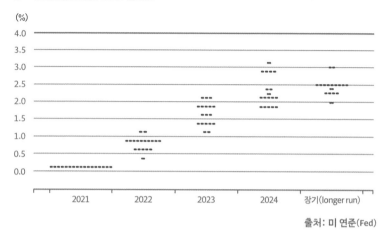

●····· 2021년 12월 FOMC 점도표

(%)

2021　2022　2023　2024　장기(longer run)

출처: 미 연준(Fed)

말이 되면 1.5% 내외 수준에서 금리가 결정될 것임을 미 연준 의원들의 점도표를 통해 예상해볼 수 있다. 궁극적으로는 중립금리 수준인 2.5% 내외에서 금리가 안착할 것이라는 게 연준 위원들의 생각이다. 이 수치는 다들 아시다시피 코로나 이전의 금리 수준이다. 그러니까 코로나 이전의 금리 시대로 돌아간다는 의미다.

이미 시장에는 금리 인상 정보가 다 공개되어 있다. 그러니까 금리 인상이 시행되고 나면, 어쩌면 금리가 오르고 내리는 것이 문제가 아닐 수 있다. 우리가 예상하는 수준만큼 금리가 오르면 그다지 문제가 없다. 이미 경제 주체들은 금리 인상에 대해 선제적으로 준비를 해놓기 때문이다. 만약 향후 금리가 오를 것 같다면 미리 부채를 줄이든, 소비를 줄이든 미리미리 현명한 대응책을 마련해 실천한다.

그러나 문제는 따로 있다. 연준은 금리가 저렇게 움직일 것이라고

Next Level

친절하게 알려주지만, 미국 월가를 좌지우지하는 해외 IB들이 '아니야. 금리 인상이 더 빠를 거야! 저 수준보다 더 오를 거야!'라고 나팔을 분다. 해외 IB들은 연준이 바라보는 수준보다 때때로 한발 더 앞서가곤 한다. '한 번이 아닌 두 차례 금리 인상 그리고 1.75% 내외에서 벗어나 2%를 웃도는…'과 같은 식이다.

결론적으로 필자가 하고 싶은 이야기는, 금리 인상에 대한 우려가 크겠지만 미 연준이 시장의 염려처럼 금리를 크게 올리지 않을 거라는 데 있다. 궁극적으로 그 수준은 2~2.5%, 그러니까 미국의 중립금리 수준에서 수렴할 것이다. 연준은 2022년 상반기까지 빠른 통화정책을 펼쳐가겠지만, 이후 시간이 더 지나면 결국 금리를 얼마 못 올릴 것이라고 본다. 과거처럼 기준금리가 5~7%, 심지어 10%까지 올라가는 고금리의 상황은 오지 않을 것이다. 금리가 오르기는 하되, 과거처럼 저금리가 아닌 중금리 시절이 될 거라는 이야기다. 상반기를 지나고 하반기로 갈수록 금리 수준과 물가는 안정세를 보일 것 같다. 연준 금리 인상에 대한 공포도 조금은 완화될 것이다.

시장에 공포를 주는 금리 인상 시그널

인플레이션이 높으면 중앙은행인 미 연준이 취할 수 있는 정책이 금리 인상이다. 사람들은 향후 지속적으로 금리가 빠르게 오를 거라는 두려움에 휩싸인다. 2022년 상반기까지는 금리가 인상되는 현상이 나타나고 물가 역시 생각보다 높아질 것이다. 그런데 금리가 상반기를 넘어 하반기까지 계속 높아지고 물가 또한 멈춤 없이 계속 상승할까? 아마 고점이 있을 것이다.

2022년 상반기까지는 일시적으로 물가 상승이 정점을 기록할 것이다. 여기서 중요한 건 그동안 금리 인상의 수준과 기간이다. 아마도 저금리에 힘입어 0%에 머물던 물가가 반등하는 모습이라면 긍정적인 면이 있다. 다만 반등하는 물가가 적정 수준에서 벗어나 천정부지로 올라 전 세계 자산 가격이 무너지는 일은 없을 것으로 판단한다. 왜냐하면 2022년 상반기에 인플레이션 고점을 찍은 이후 점차 안정화 추세로 낮아질 것으로 보기 때문이다.

미 연준은 물가가 정점을 찍었다는 시그널이 나오면 물가에 대해 완화적인 태도로 바꿀 가능성이 높다. 필자는 이를 연준의 '매둘기 성향'이라고 정의한다. 완화적인 본성을 가지고 있으나, 현 상황을 감안해 매파적인 가면을 쓴 상황이다. 이에 투자자들은 무조건 중장기적인 투자의 틀을 마련해서는 안 된다. 계속 매파적 정책이 이어지진 않을 테니 말이다. 지금은 투자 주관이 필요한 시점이다. 필자가 보기에 물가의 상승 속도 또한 2022년 상반기가 가장 빠를 것이다. 저금리에서는 벗어나는 상황이지만 고금리로 이어질 것이라고는 보지 않는다. 이른바 중금리 시대의 개막이다.

그린플레이션이 물가를 올렸다?

지루하게 이어져온 코로나 사태가 어느 정도 끝이 보이는 듯하고, 글로벌 경제는 물가 상승 국면으로 접어들었다. 그래서 물가 이야기를 좀 더 해보려 한다. 물가, 인플레이션 압력을 야기한 특별한 원인이 있지 않았을까? 그렇다면 그 원인은 무엇일까?

코로나가 처음 발생했을 때를 떠올려보면, '중국 우한에서 원인 모를 못된 바이러스가 발생해 인간 몸에 침투했다'는 이야기를 들어보았을 것이다. 어쨌든 사람들은 코로나가 발생하자 특별한 테마에 관심을 두고 주목하기 시작했다. 그 주인공은 바로 기후, 자연, 친환경 등의 이슈다.

물론 과거에도 사람들이 친환경 문제나 기후 변화 문제에 관심이 없었던 건 아니다. 그러나 대부분 '아직 나와 큰 상관이 없는 막연하고 어렴풋한 이야기' 정도로만 여겼던 것 같다. 그런데 코로나를 겪으며 그간 등한시했던 기후, 자연, 친환경 문제가 결국 나를 포함한 우리 인류와 밀접한 관계가 있음을 사람들은 인식했다. 코로나가 인류에게 큰 고통을 안겨주기도 했지만, 한편으로는 우리가 자연 친화적인 사고 내지는 환경의 중요성을 인지하도록 돕는 촉매 역할을 했다. 코로나를 경험한 전 세계 사람들이 환경 문제를 더 이상 옵션이 아닌 필수인 시대라고 인식하고 있다.

친환경 이슈로 인한 유가 상승

우리 주변의 이 같은 인식은 과거에 볼 수 없었던 변화로 나타나기 시작했다. 전 세계 국가들은 너 나 할 것 없이 친환경 문제를 국가적 과제로 내세우고 친환경 관련 법령을 만들어 실천하는 일에 관심이 높아졌다. 실제로 원유나 석탄 등 과거 전통적인 에너지원의 기업들로 여겨지는 회사에 더 이상 투자하지 않는 일도 벌어지는 중이다.

그런데 이런 기류는 오히려 전통 에너지 가격이 천정부지로 치솟는 엉뚱한 결과로 나타나고 있다. 특히 유가의 경우 국면이 바뀌었다. 소개하는 그림은 전 세계 국제유가와 유전개발 리그(rig, 셰일오일과 셰일가스 등을 생산하는 데 필요한 굴착 장치) 자료다. 과거에는 유가

●····· 친환경 정책으로 추가 생산에 나서지 않는 에너지원 기업들

(2012=100)

국제유가   글로벌 유전개발 리그(Rig)

출처: 리피니티브, 두물머리

가 오르면 리그 수도 함께 올랐다. 하지만 그림에서 보듯 최근에는 유가가 올라도 리그 수가 오르지 않는 모습이다. 바이든 행정부의 대선 공약 중 하나이기도 하지만, 미국이 과거처럼 환경을 저해하는 에너지원에 더 이상 투자하지 않음을 알 수 있다. 물량이 제한적인 유가가 오를 수밖에 없는 상황임을 한눈에 알 수 있다. 아마도 이런 유가 상승 분위기는 친환경 에너지원을 생산하는 인프라가 어느 정도 구축될 때까지 계속 이어질 수도 있다.

코로나 이후 친환경, 그린 정책의 중요성과 인식이 조금씩 구체적으로 마련되고 있다는 점은 긍정적이다. 앞으로 다가올 미래 사회에는 그런 방향으로 나아가는 것이 맞다. 하지만 과도기라고 해야 할까? 그린정책을 뒷받침하는 친환경 에너지 관련 인프라가 제대로 갖추어지기도 전에 전통 에너지 분야에 가해지는 제재와 제동은 전 세계에 인플레이션 압박이라는 혼란을 부추긴다. 최근 들어 원유, 천연가스 등 원자재 가격이 급등하는 모습도 이와 밀접한 연관이 있다고 볼 수 있다. 일례로 천연가스는 지난 1년 사이 가격이 3~4배 급등하기도 했다.

정리하자면, 친환경 정책으로 인해 전통 에너지원인 유가가 올랐고 이것이 물가 상승으로 이어졌다. 그만큼 물가 상승에 대한 공포와 두려움이 큰 상황이지만 금리와 마찬가지로 물가 역시 2022년 상반기 무렵 정점을 찍고, 이후 안정적인 모습을 보여줄 것 같다. 그리고 적어도 3~5년간 과거 10년 평균 수준의 낮은 물가가 아닌 다소 높은 물가를 유지할 것으로 생각한다.

스태그플레이션 or 리플레이션? 슬로플레이션!

'Next Level'에서 주목할 이슈는 누가 뭐라 해도 물가와 금리다. 분명한 사실은 '제로금리'가 끝났다는 점, 그리고 중금리, 중물가, 중성장의 시대로서 과거보다 레벨이 높아졌다는 점이다. 그리고 최근 많은 전문가들이 너도나도 인플레이션 압력에 대해 이야기한다. 그리고 향후 물가가 계속 오르면 혹시라도 **스태그플레이션**(stagflation) 국면으로 갈 수도 있을 것이라는 분석도 내놓는다. 계속 경제 침체기를 겪으면서 물가가 뛰는 현상으로 간다는 우려다.

저성장-고물가 상황을 의미한다. 1970~1980년대처럼 물가가 계속 오르는데 성장이 뒷걸음질치는 스태그플레이션 시대에는 공격적인 투자나 과감한 투자는 금물이다. 그런 투자는 강심장인 사람들이나 한다. 그 대신 안전자산이라고 불리는 국채, 달러, 금 등에 투자하는 포지션이 유리하다고 알려져 있다.

또 다른 전망은 **리플레이션**(reflation) 상황이 온다는 목소리다. 즉 경기도 다소 회복하고 물가도 적당히 오를 거라는 이야기다.

참고로 인플레이션은 세 가지 국면으로 나눌 수 있다. 성장이 오면 리플레이션, 성장이 내려가면 스태그플레이션, 성장이 완만하게 횡보하면 슬로플레이션(slowflation)이다.

> 디플레이션과 인플레이션의 중간을 의미한다. 성장과 물가가 함께 가는 상황이다. 성장이 따라주면 경기가 풀리고, 물가 역시 오르는 상황이다. 이런 때는 적극적인 투자를 해야 한다. 소위 '묻지마 투자'를 하더라도 소기의 성과를 얻을 확률이 높다.

```
인플레이션 ┬ 리플레이션(↑, 성장)
           │
           ├ 스태그플레이션(↓, 하락)
           │
           └ 슬로플레이션(→, 유지)
```

1960년대부터 현재까지 미국의 성장과 물가의 분포도를 살펴보면 빨간색이 리플레이션, 초록색이 스태그플레이션 구간이다. 그림에서 보듯이 스태그플레이션 구간에서는 성장하는 곳이 없다. 그러나 리플레이션 구간에서는 전반적으로 모든 분야가 성장한다. 한편 슬로플레이션에서는 리플레이션과 스태그플레이션 성향이 혼합된 모습이다. 따라서 중금리, 중성장, 중성장의 슬로플레이션 시대에는 투자 전략이 중요하다.

결론부터 말하자면, 필자는 앞으로 스태그플레이션도 리플레이션

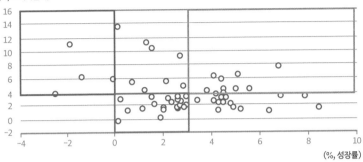

출처 : 블룸버그, 두물머리

도 아닌 슬로플레이션 국면에 진입할 것으로 전망한다. 백 투 노멀, 그러니까 성장이 이전 수준으로 돌아갈 것이다. 그러나 가파른 성장이라고 보기엔 무리가 있고 아마도 완만한 성장세를 이어갈 것 같다.

여기서 중요한 건 성장이 머물러 있지 않고 전진한다는 점이다. 물론 물가 상승률이 매우 높은 게 변수일 테지만, 그 속도는 2022년 상반기가 피크일 것이라고 앞서 이미 말했다. 결국 좀 느리긴 해도 성장은 할 테고, 물가 상승도 정점을 찍은 후 낮아질 테니 평균적으로 완만한 성장세를 보이는 슬로플레이션 형국이 될 것이다.

참고로, 물가가 2022년 상반기에 정점을 찍고 내려올 것이라고 생각하는 근거가 하나 더 있다. 바로 중국발 공급 차질 문제가 2021년 무렵부터 조금씩 풀어지고 있다는 점도 눈여겨볼 대목이다. 이는 중국의 화석연료의 공급이 재개되었음을 의미한다. 한동안 뜸했던 미세먼지가 우리나라로 유입되는 모습은 중국이 공장을 돌린다는 방증이다.

결론적으로 물가와 금리가 높아지면 스태그플레이션, 즉 경기가 침체되고 물가도 뛸 거라는 우려가 덩달아 커진다. 불경기 속에 물가가 높아지지 않을까 하는 불안이 시장에 팽배해 있다. 하지만 이에 대한 필자의 정의는 슬로플레이션이다!

슬로플레이션 시대의 유망한 투자처와 자산

1960년부터 현재까지 미국 경제에서 슬로플레이션 국면은 총 열 번 있었다. 1960년부터 1965년과 1986년, 1998년 그리고 2010년 등이다. 필자는 슬로플레이션의 정의를 그리 높지 않은 물가 속에서 완만한 경제성장이라고 정의했다. 따라서 미국의 소비자물가 상승률이 연간 미 연준의 인플레이션 목표인 2%를 하회하면서도 잠재성장률을 밑돌지만 플러스(+) 성장하는 국면으로 정의했다.

다음 표는 블룸버그에서 제공하는 주식(S&P 500)과 채권(미국채 10년 금리), 그리고 부동산(미국 신규주택 가격) 등의 수익률을 정리한 데이터다. 물론 시기마다 자산의 수익률에 영향을 미치는 다양한 요인이 있었다는 것을 우리는 잘 안다. 다만 통계적으로 해당 국면에서 어떤

● ····· 과거 미국의 슬로플레이션 국면에서의 주식, 채권, 부동산 수익률(%)

슬로플레이션 국면	주식	채권*	부동산
1960년대	8.4		1.3
1986년	26.6		8.0
1998년	24.3	-1.1	10.3
2010년	20.2	-0.1	-14.2

출처: 블룸버그, 두물머리
*채권은 금리 차(%)

흐름을 보였는지 참고하기 위함이라는 점을 당부하고 싶다.

종합적으로 슬로플레이션 국면에서 주식과 채권 가격은 상승하는 것으로 나타났다. 채권 이자율이 하락했다는 것은 채권 가격이 상승했다는 것으로 해석할 수 있다. 부동산도 대부분 상승하는 것으로 나타나지만 2010년에는 14.2% 하락했다. 아마도 2009년 서브프라임 모기지 사태 이후 미국의 부동산 경기의 둔화 압력이 지속되었기 때문일 것이다.

위의 자료를 참고해 슬로플레이션 시대를 대비하는 것도 좋을 듯하다. 매번 동일한 결과가 나타나리란 보장은 없어도 전체적인 흐름을 가늠하는 데 나름 도움이 될 거라고 생각한다.

미 연준의 정책 변화, IS에서 IF로

미 연준의 역할은 크게 두 가지라고 생각하면 되겠다. 하나는 고용안정이고 다른 하나는 물가안정이다(이중책무, dual mandate). 그러나 연준이 이들 두 가지 목적을 달성하고자 해도 현실적으로 두 목표를 다 이룬다는 건 결코 쉽지 않은 일이다. 두 마리 토끼를 모두 잡을 수는 없다. 그래서 만약 연준이 둘 중 하나에만 집중해야 한다면, 고용안정과 물가안정 정책 중 어떤 토끼를 잡는 데 더 정성을 들일지 궁금하지 않은가?

어떤 국가이든 간에 고용과 물가 모두 중요하게 생각한다. 닭과 달걀의 논쟁일 수 있다. 그래서 정책 당국자들은 늘 골머리가 아프다. 사실 두 마리 토끼를 모두 잡으면 좋으련만, 미 연준은 때때로 한 가지 정책에 치중하기도 한다. 그래서 우리는 미 연준 정책의 무게중심이 어느 방향에 있는지를 알아차리는 게 중요하다. 그들의 정책을 유심히 살펴봐야 한다는 이야기인데, 미 연준의 포지션에 따라 경제·투자 정책의 수립과 대응이 달라지게 마련이다. 만약 미 연준이 고용과 물가 중 한곳에 집중한다면, 우리는 어떤 정책을 펼치고 어떤 투자 전략을 세워야 이로울지 함께 생각해볼 필요가 있다.

– 미 연준이 고용안정을 우선시할 경우

미 연준이 고용안정을 우선시하면 어떤 신호로 받아들여야 좋을까? 이때는 물가가 다소 높더라도 고용안정에 중점을 두기에 시장에 돈을 많이 푸는 일에 주저함이 없다. 특히 지난 10년과 같이 물가가 낮아지는 추세 속에서는 더욱 고용안정이 최우선이었다. 이런 상황은 주식시장에 긍정적인 시그널로 작용해왔다.

– 미 연준이 물가안정을 우선시할 경우

고용안정 정책과 반대로 미 연준이 물가안정에 치중한다면, 다른 무엇보다도 물가를 잡고자 고금리 정책을 펼쳐간다. 일례로 1970~1980년대 스태그플레이션이 그 결과라고 볼 수 있다.

당연히 두 정책은 균형을 유지한 채 이루어져야 이상적이다. 그러나 실물 경제에서는 고용과 물가안정의 균형을 유지하는 정책을 펼치기가 녹록하지 않다. 그래서 고용안정이든 물가안정이든 어느 한 쪽으로 살짝 쏠리는 현상이 항상 나타난다.

그렇다면 최근 미 연준의 정책 방향에 대해 조금 더 살펴보도록 하자. 필자는 기존에 잘 알려진 비둘기파, 매파 이야기의 새로운 버전을 제시한다.

공교롭게도 현 미 중앙은행 의장 파월은 제1기 의장을 맡은 기간 동안 인플레이션 서포터(Inflation Supporter, IS) 역할을 했다. 저금리 전문가 파월은 저금리로 시중에 많은 돈을 풀어 사람들의 기대심리를 한껏 고무시켰다. 더군다나 그의 재임기간 중 전 세계에 코로나가 발생함으로써 미 연준은 시중에 유동성을 확대하는 정책으로 일관했다.

그리고 파월의 임기가 한 차례 연임되어 현재 파월 집권 2기를 맞고 있다. 연임된 파월의 2기 정책은 최근의 행보를 통해 우리가 어렵지 않게 짐작할 수 있다. 아마도 그는 1기 때처럼 시장에 유화적인 입장을 보여주기는 어려울 것 같다. 따라서 파월은 인플레이션 파이터(Inflation Fighter, IF) 역할에 집중할 것으로 보인다. 인플레이션 파이터란 물가를 잡겠다는 의미로 해석할 수 있다.

미 연준의 정책이 돈 풀기(유동성 확대)에서 벗어나 돈을 줄이고(테이퍼링) 물가안정 방향으로 선회하면, 시장은 공포에 휩싸일 수 있다. 특히 금리를 올린다는 시그널이 그렇다. 우리가 한국은행도 아닌 바다 건너 미국의 중앙은행 금리정책을 알아야 하는 이유는 과연 무엇일까? 그들의 금리 정책에 따라 우리 상황에 맞는 전망도 하고 적응도 해야 하기 때문이다.

많은 분들이 걱정하는 바처럼, 2022년을 기점으로 인플레이션이 하늘 높게 더 오를지 또는 2022년 상반기까지 정점을 찍고 이후 안정세를 보여줄지는 아직 미지수다. 그러나 필자가 다시 반복해서 언급하듯 2022년 상반기 피크를 찍은 후 물가 흐름은 안정세를 보일 것이라는 데 한 표 던진다. 얼마 전까지만 인플레이션 서포터 역할을 했던 미 연준 파월이 인플레이션 파이터로 변신하자 전 세계 시장은 과도하게 물가 상승을 걱정하는 듯해도 시간이 지날수록 연준이 안정적인 정책을 펼쳐나갈 것으로 전망한다. 여전히 매둘기라면 말이다.

KEY POINT ─────────────────────────────

이 챕터의 핵심은 물가와 금리다. 글로벌 경제에서 인플레이션 압력 이슈가 뜨거운 상황이다. 더군다나 미 연준의 금리 인상 시그널도 주목할 필요가 있다. 하지만 금리가 오른다 한들 천정부지로 솟지는 않을 것이다. 어느 정도 허들이 존재한다. 물가 상승의 흐름도 마찬가지다.

우리는 큰 물줄기가 어느 방향으로 흐르는지 알고, 그 물줄기에 몸을 맡겨야 큰 강을 무사히 건널 수 있다. 변화한 세상에서 어떤 준비를 하고 무엇에 대비해야 좋을지 고민해보자.

뉴 노멀(저물가, 저금리) 시대가 끝났다. 그러나 역설적으로 뉴 노멀 시대 이후 또다시 제2차 뉴 노멀 시대가 올 것이다. 다만 여기서의 뉴 노멀은 과거처럼 저물가-저금리 상황과 차이가 있는 중물가-중금리의 시대다.

과거보다 한 단계 높아진 물가와 금리, 그리고 완만한 횡보의 성장세가 이어질 것이다. 그러니까 성장세가 조금씩 진보하는 슬로플레이션 시대가 될 것이다. 슬로플레이션 시대에는 전략도 슬로우하게 짤 필요가 있다.

Next Stage _ Chapter 2

Next Chain,
새롭게 재편된
글로벌 밸류체인

INTRO

2022년은 'next chain', 즉 글로벌 밸류체인이 재편되는 원년이 될 것이다. 한쪽이 생산(중국)하고, 한쪽이 소비(미국)하던 차이메리카 체인이 바뀔 거라는 이야기다. 미국은 소비 대신 투자에 더 집중할 것이다. 하지만 과거와 달리 친환경 인프라, 그린 투자를 한다는 것이 핵심이다. 중국은 세계 공장으로서의 생산 기능에서 벗어나 내수 소비에 열을 올릴 것이다. 그 일환으로 중국의 쌍순환 전략과 공동부유론을 소개한다. 새로운 글로벌 밸류체인의 시대에 포스트 차이나 찾기는 주요 이슈가 되었다.

10년간 군림한
차이메리카 밸류체인

'차이메리카'라는 말을 들어보았을 것이라 생각한다. 중국(China)과 아메리카(America)를 합한 말이다. 과거 10년간 글로벌 경제는 차이메리카 밸류체인[9]을 중심으로 돌아가는 형국이었다. 한마디로 글로벌 밸류체인이 바로 차이메리카였다. 중국의 급부상도 분명 차이메이카 시스템의 결과라고 볼 수밖에 없다. 이 시스템에 편승한 중국은

---

[9] 미국은 기축통화를 기초로 중국이 만든 제품을 구매하고, 물건 값이 중국으로 흘러들어가 미국의 채권을 사들이는 구조가 차이메리카 밸류체인의 핵심이다. 수출 중심국 중국이 가장 원하는 건 위안화의 안정적인 흐름이었다. 따라서 중국이 미국채를 매입해 다시 달러를 미국으로 보내는 순환구조가 지난 10년간 글로벌 경제의 모습이었다 해도 과언이 아니다. G2는 표면적으로 상호 적대시하는 모습으로 비쳤으나, 실상은 서로 도움을 주고받음으로써 가장 큰 이익이 되는 국가들이었다.

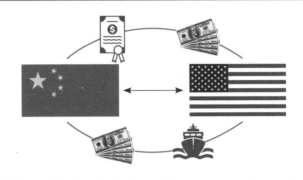

출처 : 두물머리

G2로 빠르게 올라설 수 있었다. 물론 코로나가 발생하기 전까지의 상황이다. 그동안의 차이메리카 순환고리, 미국과 중국의 분업 구조를 간략히 정리한 그림을 소개한다.

그림에서 보듯 중국은 값싼 노동력으로 생산한 제품을 저렴한 가격으로 미국에 판다. 미국은 물건을 구매하면서 달러를 지급한다. 미국에서 달러를 받아 쟁여둘 수 있었던 중국은 그 달러로 다시 미국채를 사들인다. 그리고 이 같은 행위를 반복한다.

차이메리카 시스템은 오랫동안 지속되었는데, 이것이 근 10년간 이어진 글로벌 경제 흐름이었다. 중국은 생산자 역할, 미국은 소비자 역할을 해온 것이다. 그런데 기축통화인 달러를 기초로 한 차이메리카의 밸류체인을 보면서 한 가지 궁금증이 생길 수밖에 없다.

'왜 중국은 벌어들인 달러를 다시 미국으로 돌려줄까?'

그 답은 간단하다. 다시 달러를 돌려줘야만 미국이 중국 제품을 살 수 있으니까 말이다. 물론 전혀 간단하지 않은 중국과 미국의 속내는 따로 있다. 그들의 속내는 무엇일까?

차이메리카 밸류체인의 의도

미국에 물건을 판 중국은 달러를 엄청나게 번다. 그런데 그토록 많은 달러가 중국에 깔리면 수급의 논리에 따라 위안화 가치가 떨어질 수밖에 없다. 수출을 많이 하는 입장에서 위안화 가치가 떨어지면 제품 가격이 싸져 단기적으로 좋을지는 모르나, 원재료와 중간재를 수입해야만 물건을 수출할 수 있는 중국의 가공, 조립무역 구조상 결코 좋은 일이 아니다. 그래서 중국은 달러를 벌어들이는 족족 미국채 매입에 열을 올렸다.

미국채를 사는 이유도 크게 두 가지다. 하나는 돈이 미국으로 흘러야 미국은 다시 중국 제품을 사줄 수 있다. 다른 하나는 어느 한 나라에 달러가 많이 쌓이면 환율이 변하게 마련인데, 특히 수출하는 입장에서는 들쭉날쭉한 환율보다 고정된 환율이 유리하다. 당연히 중국 입장에서는 환율을 안정적으로 유지하기를 원했을 것이다. 바로 이런 이유로 중국은 벌어들인 달러를 끊임없이 미국으로 되돌려주었다. 그렇게 환율을 방어한 것이다. 그리고 미국 입장에서는 아주 자연스럽고 거부감 없이 달러를 마음대로 발행할 수 있었다. 그야말로 누이 좋고 매부 좋은 시절이었다!

차이메리카의 균열

필자는 2022년이 차이메리카 밸류체인이 재편되는 원년이라고 앞서 밝혔다. 과거와 같은 차이메리카 구조에 커다란 변화가 생겼다는 이야기다. 그간 차이메리카 밸류체인은 중국이 생산하고 미국이 소비하는 구조였다.

그런데 2022년을 기점으로 큰 변화가 생길 것이다. 후술하겠지만, 그동안 전 세계의 공장 역할을 했던 중국은 생산과 수출보다 내수 부양의 소비 의지가 한결 더 강해질 것으로 전망한다. 미국 역시 커다란 변화가 예상되는바, 소비보다 투자에 나설 가능성이 매우 높아졌다. 이는 두 나라의 역할이 완전히 뒤바뀌는 일이다. 그래서 필자는 이런 변화를 'next chain'이라고 명명했다.

차이메리카 속 한국의 경쟁력

차이메리카가 유지되던 환경 속에서 한국 경제가 어떤 전략을 취해왔는지 살펴보는 일도 흥미롭다. 한국의 2021년 수출액은 전년 대비 약 26% 증가한 6,445억 달러였다. 수입도 크게 늘어 6,150억 달러를 기록함으로써 무역수지 294억 달러, 전체 무역액 1조 2,500억 달러를 상회함으로써 세계무역 순위 8위에 올랐다. 건국 이래 최대의 무역액이다. 말로만 선진국이 아닌, 실제 무역액 규모도 선진국 대열에 든 것이며 내로라하는 경쟁력이다. 전 세계에서 무역액이 1조 달러를 넘는 나라는 고작 10개국에 불과하다.

그런데 한국 경제의 구조는 그간 일본 등에서 기술을 수입해 이를 가공한 중간재를 중국에 넘기는 모습이었다. 한국의 대(對)중 수출

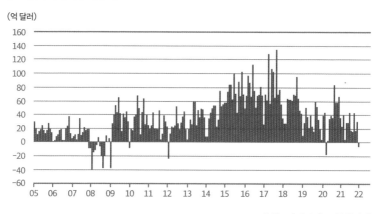

●···· **한국의 무역수지 추이**

(억 달러)

출처: 리피니티브, 두물머리

중 중간재 수출 비중은 약 80%다. 한국에서 중간재를 받은 중국이 완성품을 만들어 미국에 파는 밸류체인이 차이메리카의 본 모습이었다. 한국이 지금까지 차이메리카 밸류체인 아래에서 수출을 잘 할 수 있었던 원인도 엄밀히 따지면 미국이 중국 제품을 사주었기 때문에 가능한 일이었다. 그러나 필자 생각에 이런 호시절은 이제 끝났다.

  - *중국: 생산국에서 소비국으로 변화*
  - *미국: 소비국에서 투자국으로 변화*
  - → *그렇다면 한국의 미래 포지션은?*

앞에서 밝힌 것처럼, 새로운 글로벌 밸류체인이 만들어진다면 우리의 전략도 바뀌어야 마땅하다. 그래야 살아남을 수 있다. 변화가 다가왔음에도 이를 알아차리지 못하고 과거 전략에만 의존한다면 도태될 것이 뻔하잖은가!

미국은 분명 소비 대신 투자의 비중을 더욱 높여갈 것이다. 투자를 한다는 건 제조업에 중점을 두겠다는 의미로 해석할 수 있다. 그러나 제조업이라 해도 과거처럼 전통 분야로 여겨지는 유형의 자산 또는 화석연료에 투자하지는 않을 것 같다. 현재 미국이 관심을 갖는 분야를 영단어 하나로 표현하자면 '그린(green)'이다. 그러니까 미국은 기후환경 인프라인 친환경, 그린 투자(green investment)에 주력할 거라고 보는 것이 더 정확한 전망이 될 수 있다.

118

중국은 위안화 강세가 좋을까, 약세가 좋을까?

수출을 많이 하는 중국은 환율이 두려울 수밖에 없다. 이달 수출한 대금을 1개월 후에 지급받을 텐데 환율 변동이 심하면 스트레스가 이만저만이 아닐 것이다. 그런데 자본시장이 개방되려면 환율 역시 개방되어야만 한다. 즉 통제할 수 없는 '보이지 않는 손'에 의해 환율이 결정되는 것이 시장논리인데, 중국은 이게 싫었다. 경제개방을 단행한 신흥국들이 외환을 관리하지 못해 국가부도 사태로 이어졌던 여러 사례를 지켜봐왔기 때문이다. 즉 중국 공산당국은 환율을 스스로 관리하고 싶었던 것이다.

수출을 많이 하는 중국 입장에서 환율이 높아야 이로울까, 낮아야 좋을까? 즉 위안화 강세가 좋을까, 약세가 좋을까? 정답은 둘 다 아니다. 환율은 안정적인 것이 가장 좋다. 환율이 안정적이라면 수출 및 수입 가격이 안정될 수 있다. 중국은 바로 이런 점을 노렸고, 그것이 차이메리카의 기본 틀이었다. 그런데 최근 미국과 중국 간 차이메리카의 틀이 깨지고 있다.

차이메리카 균열의 조짐

차이메리카의 균열 조짐은 중국이 미국채 보유 비율을 점점 줄여가고 있다는 것에서 짐작해볼 수 있다. 그간 중국이 미국채를 사들임으로써 벌어들인 달러를 미국에 돌려주던 흐름이 최근 들어 깨지기 시작했다.

독자 여러분도 기억하겠지만, 과거 트럼프 행정부 시절 미국은 차이메리카 밸류체인에 반기를 들고 나섰다. G2의 균열이 시작된 것이다.[10] 미국에서는 날로 무역적자가 쌓이는 반면 중국은 무역흑자가 쌓이자, 트럼프는 '불균형한 운동장'이라는 표현을 빌려 이 문제를 쟁점으로 삼았다. 이에 중국은 그때부터 미국의 압력에 대비해 미국채를 줄여가기 시작했다. 그러니까 트럼프가 미중 무역갈등의 촉매 역할을 한 것이다.[11]

그림에서 보듯 미국채는 아직 세계적으로 인기가 높다. 더욱이 코로나 위기 이후에도 전 세계 모든 투자자들에게 가장 인기 있는 자산

---

10 이 책 Preview '03 사사건건 충돌하는 G2, 긴장감이 점점 높아지는 미중 갈등'을 참조하라.

11 트럼프 미국 전 대통령은 미국의 무역적자 중 절반이 중국과의 교역에서 발생하는 것을 문제 삼기 시작했다. 그가 중국 제품에 관세를 매기고 제품 가격을 올리는 정책을 실시함으로써 견고했던 차이메리카 균열이 시작되었다. 전문가들은 여러 가지 해석을 내놓았다. 필자 생각에는 중국이 트럼프의 미중 무역갈등 정책에 맞대응하는 방법으로 미국채 매입을 점차 줄여나가는 모습을 보여주었다. 그리고 트럼프의 미중 무역갈등이 일단락되어갈 즈음 전 세계를 강타한 전대미문의 사건, 코로나 팬데믹이 발생했다. 코로나의 출현은 트럼프의 연임을 방해한 요소로도 작용했다.

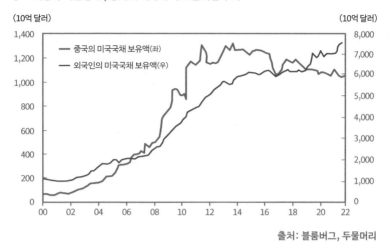

●·····미중 무역분쟁 후, 중국의 미국채 축소 움직임 추이

(10억 달러)   (10억 달러)

— 중국의 미국국채 보유액(좌)
— 외국인의 미국국채 보유액(우)

출처: 블룸버그, 두물머리

이 미국채다. 그렇지만 중국은 미국채를 줄여가고 있다. 더 이상 미
국채를 중국이 소비하지 않게 되었다. 트럼프 시절부터 진행된 중국
의 미국채 불매는 지금까지 이어지는 중이며, 2022년부터는 그 추이
가 좀 더 빨라질 거라고 전망한다.

아름다운 이별이란 없다.

미중 갈등을
선명하게 해준 코로나

코로나에 대응하는 속도뿐만 아니라 향후 경제 회복 속도 역시 아무래도 선진국이 발 빠른 행보를 보여주지 않을까 싶다. 가난한 나라들의 대응은 정반대일 것이다. 아프리카 남아공에서 발생한 코로나 변이종 오미크론의 확산세가 빨랐던 이유도 접종률과 밀접한 연관이 있지 않았는가. 모든 국가가 동시에 회복세를 보일 수는 없다. 국가별 경제력이나 국력과 비례해 회복하는 속도가 달라질 것이다. 이것이 국가 간 양극화다. 아무튼 코로나 사태는 신 냉전시대를 더 빠르게 부추기는 기폭제 역할을 했다. 신 냉전시대, 양극화 이슈는 뒤에서 다시 소개할 예정이며, 여기서는 코로나 발생과 새로운 밸류체인의 상관관계에 대해 정리해본다.

친환경 문제와 무역갈등

어느덧 만 2년이 넘었지만 아직도 진행 중인 코로나 사태는 미국과 중국의 갈등을 더욱 선명하게 드러내도록 만들었다. 사람들은 코로나 사태를 친환경 문제와 결부해 생각하기 시작했다. 그런데 친환경 문제는 어느 한 국가가 주도해서 만들어낸 이슈가 아니다. 점차 심각해지는 지구온난화를 비롯해 전 세계가 함께 친환경 문제를 인식하게 된 계기가 코로나였다. 코로나 발생은 새로운 전염병이 출현했다는 단순한 사실뿐 아니라, 드디어 인류가 친환경에 대한 경각심을 갖고 해법을 찾기 위해 머리를 맞대도록 한 촉매 역할을 했다고 본다.

전 세계는 환경오염으로부터 지구를 보호해야겠다는 데 합의한 상태다. 대표적인 예가 2021년 10월 31일부터 영국 글래스고에서 열린 COP26 회의다(제26차 UN 기후변화협약 당사국총회).[12] 이 모임에서 미국과 EU는 친환경에 대한 기준을 만들어 천명했다. 특히 유럽의 경우 2040년까지 점진적으로 온실가스 배출 제로를 약속했다. 게다가 중요한 논의가 하나 더 전개되었다. 다름 아닌, 자연환경을 파괴하고 심각한 공해를 일으키는 제품을 만들어내는 국가의 물건을 더 이상 사지 않겠다는 불매운동의 시작을 알린 것이다. 미국과 EU 간 불매운동 협의는 누가 보더라도 그간 세계의 공장 역할을 해온 중국을 겨

---

[12] 이 책 Preview '04 그린 에너지, 그린 관련 정책의 부각'을 참조하라.

냉한 것이라고 풀이할 수 있겠다. 이는 좀 더 세련된(?) 방법으로 중국을 압박하는 기술이다. 기존에 관세(가격)라는 형식을 빌려 어느 한 국가를 압박했던 모습과 수준이 전혀 다른 압박이기 때문이다.

미국과 EU는 가격 이외의 비관세 장벽 기준을 높임으로써 중국과 같은 해당 국가를 규제하고자 한다. 당연히 기후환경 인프라인 친환경과 그린 문제의 해법을 둘러싼 논의는 미중 무역갈등이 발발한 후 점차 굳어져가는 차이메리카 해체 이후, 신 냉전시대 갈등을 더욱 깊어지도록 만드는 촉매가 되었고, 보다 근본적인 매개는 코로나 발생이라고 여길 만하다. 향후 차이메리카의 균열, 즉 미중 간 갈등은 더욱 짙게 드러날 것이라고 예상해볼 수 있다. 처음에는 경제 분야에만 집중되었던 G2의 마찰과 갈등이 정치, 사회, 환경 문제 등 점차 다른 분야로 확대되어 더욱 심화되고 구체화된 모습을 목격하게 될 것이다.

미중 갈등이 우리에게 미칠 영향

참고로, 미국과 중국의 갈등으로 더욱 불거질 새로운 밸류체인의 도래가 우리에게 미칠 영향은 무엇일까? 한국은 내부적인 상황보다 대외적인 상황 변화에 한결 더 민감한 반응을 보이는 경제 구조를 갖고 있다. 당연히 새 밸류체인, 차이메리카 분열 후 새로이 재편될 글로벌 밸류체인의 변화가 우리에게 엄청난 영향을 줄 것이 뻔하다. 일례로 한국 경제성장의 절반 이상은 수출에서 나온다. 더구나 그 수출 중 가공무역에 필요한 중간재 수출이 70%다. 대(對)중 수출이 전체 수출의 25%, 이 중 중간재 수출이 80%이니, 중국과 미국의 밸류체인 변화만으로도 우리 전체 수출의 20%가 이전과는 다른 행보를 보일 수 있다.

　따라서 한결 더 적극적인 자세로 변화의 진폭과 진의 그리고 정확한 흐름을 감지하고 파악하려는 노력이 필요해 보인다. 그래야만 우리에게 득이 되는 효과적인 대응책 마련이 가능해진다.

신 냉전시대가
열렸다

제2차 세계대전이 끝난 직후, 전 세계는 서로 다른 이데올로기를 가진 양 진영이 거의 반세기에 걸쳐 극심한 대립을 보여주었다. 우리에게는 동족상잔의 비극이라 할 수 있는 1950년 한국전쟁 역시 좌우 이데올로기 다툼의 결과물 중 하나였다. 두 진영의 오랜 대립 끝에 1990년대 무렵 소련과 동독이 무너지고 나서야 세계는 미국을 중심으로 재편되기에 이르렀다. 소련과 동독이 무너지기 전까지가 일명 냉전시대였다. 이후 경쟁자가 없어 힘이 가장 센 미국이 세계의 형님, 경찰 역할을 자처하고 나섰다. 그러나 최근에는 홀로 독주하던 미국에 제동을 걸고 싶어 하는 세력이 등장했다. 바로 중국이다.

미국의 중국 견제

2015년, IMF에서 발행한 보고서에는 "머지않아 중국이 미국을 앞지를 것이다"라는 전망을 내놓기도 했다. 실제로 중국은 빠른 경제성장에 힘입어 미국의 턱밑까지 따라와 있는 상황이다. 사실 1990년대 초반만 해도 미국을 위협하는 경제 대국은 독일, 그리고 놀랍게도 일본이었다. 그만큼 일본 경제가 세계에서 차지하는 비중이 컸는데, 미국은 어느 한 나라가 자국 GDP의 50% 수준을 넘어서면 협력이 아닌 경쟁국으로 여기고 견제에 들어간다. 일례로 1985년 9월에 개최된 '플라자 합의'[13]가 있다. G5(미국, 영국, 프랑스, 독일, 일본) 재무장관, 중앙은행 총재들은 뉴욕 플라자 호텔에서 회의를 열었고, 미국은 자국의 절대적 이익을 관철하고자 무척 애를 썼다.

2007년 말, 어느새 중국은 미국 GDP의 48% 수준까지 성장했다. 당연히 미국은 중국을 옥죄어야 하는 상황이었으나 미국 내 상황이 여의치 않았다. 모두가 잘 아는 미국발 서브프라임모기지 사태가 터진 것이다. 해가 갈수록 성장하는 중국을 반드시 견제해야 하는 미국이었지만, 자국 상황이 여의치 않아 잠시 보류할 수밖에 없었다.

---

13 미국은 오랜 시간 이어져온 무역수지 적자 개선을 위해 일본과 독일에 각각 엔화와 마르크화의 가치를 올려달라고 요구했다. 그리고 결국 플라자 합의가 채택된 지 고작 일주일 만에 일본 엔화 8.3%, 독일 마르크화가 7% 상승했다. 반대급부로 달러는 크게 하락함으로써 달러 약세를 등에 업은 미국의 제조업체들은 호황을 누릴 수 있었다.

그리고 시간이 흘러 트럼프가 집권하는 시기가 되었다. 트럼프 행정부는 눈을 돌려 중국을 살펴봤는데, 당시 중국은 미국 GDP의 80% 수준에 근접해 있었다! 이는 미국이 쉽게 감당할 수 없는 수준의 경제력이었다. 결국 미국은 무역분쟁 카드를 꺼내어 중국을 압박하기 시작했고, 이 기류는 현재 바이든 행정부에서도 이어지고 있다.

미국의 중국 견제는 비단 트럼프였기 때문에 행할 수 있었던 것이 아니라, 자연적인 수순이라고 봐야 한다. 보수 색이 강한 미 공화당이 아니더라도 중국 견제는 누군가 꼭 해야 할 일이었다. 미국은 혼자 힘으로 중국을 견제하기엔 벅차다고 느꼈을까? 그래서 전통적인 미국 우방국들을 중국 견제용 사슬로 이용했다.

과거 자본주의를 대표하는 미국과 공산주의의 맹주 소련이 경쟁하던 모습이 냉전시대였다면, 오늘날에는 이데올로기 갈등과 다소 차이가 있는 '경제력'으로 경쟁하는 미국과 중국이 신 냉전시대를 이끌고 있다. 그렇게 신 냉전시대가 열렸다. 이 또한 차이메리카의 균열을 부추긴 요소라고 볼 수 있다. 최근에 벌어지는 일련의 사태들, 이를테면 미중 갈등, 차이메리카의 균열 및 새 밸류체인의 재편, 러시아-우크라이나 간 전쟁, 중국과 대만 간 다툼 등등을 바라보면서 변화의 흐름을 파악하려는 노력이 절실해 보인다. 결과적으로 미중 갈등의 불씨를 지핀 트럼프와 코로나의 발생은 새로운 질서의 글로벌 환경, 신 냉전시대의 도래를 촉발했다고 생각한다.

심상찮은 러시아-우크라이나 전쟁 기류

현재 전 세계를 긴장시키는 무력 갈등 중 하나인 러시아와 우크라이나 간의 다툼도 글로벌 경제에 적잖은 파장을 미칠 것이 분명하다. 필자가 원고를 정리하는 현 시점에도 시시각각 주요 외신의 속보가 이어지는 상황이다. 그런데 필자는 2021년 말부터 이미 여러 채널을 통해 러시아–우크라이나 간의 전쟁 가능성이 높다고 예상한 바 있다. 어쨌거나 원고를 정리하는 시점 기준, 최근의 기사를 하나 간략히 소개한다.

러 "3차 세계대전은 핵전쟁"… 우크라 협박

우크라이나를 침공한 러시아가 3차 세계대전이 시작된다면 핵전쟁이 될 것이라고 전 세계를 향해 겁박을 다시 시작했다.

블라디미르 푸틴 러시아 대통령은 핵무기 부대에 경계태세를 이미 명령했고, 러 국방부는 이 같은 지시에 따라 핵부대를 강화했다.

러시아 외무부는 2일(현지시간) 3차 세계대전이 발발한다면 재앙적인 핵전쟁이 될 것이라고 주장했다.

스푸트니크통신에 따르면 세르게이 라브로프 외무부 장관은 이날 "3차 대전이 터진다면 핵무기를 사용하는 재앙적인 전쟁이 될 것"이라고 말했다. 라브로프 장관은 또 "우리는 우크라이나와 2차 협상을 준비하고 있지만 우크라이나 측이 미국의 명령에 따라 시간을 끌고 있다"고 주장했다.

러시아가 '핵' 압박카드를 다시 꺼내면서 우크라이나를 2차 협상장으로 끌어내려는 것으로 보인다.

하지만 볼로디미르 젤렌스키 우크라이나 대통령은 "러시아가 진정한 협상을 원한다면 폭격을 멈춰야 한다"고 비난했다. 러시아는 1차 협상 와중에도 민간인 지역 등에 대한 폭격을 가했고, 그 이후로도 공격을 멈추지 않고 있다.

또한 러시아가 전면전을 앞두고 미국 등 서방의 우크라이나 파병을 차단하기 위해 '핵 카드'를 계속 꺼낸다는 분석도 있다.

러시아는 2차 협상을 제안해놓고서 우크라이나에 대한 전면전을 준비 중인 것으로 보인다. 푸틴 러시아 대통령이 우크라이나 수도 키이우(키예프) 점령이 지체되면서 측근 참모들에게 질책까지 한 것으로 전했다. (하략)

출처: 〈파이낸셜뉴스〉(2022. 03. 02.)

러시아-우크라이나의 치킨 게임

러시아가 우크라이나의 북대서양조약기구(NATO) 회원 가입을 막기 위해 군사적 행동에 나섰다. 러시아는 과거 소련에서 독립한 동유럽 국가들이 NATO에 가입한 상황에서 러시아와 국경을 접한 우크라이나마저 서방 세계와 친밀해지면 자국 안보에 큰 부담이 될 것으로 판단한다. 그리고 미국과 서방 세계가 러시아를 압박하고자 배후에서 은밀히 동유럽과 우크라이나를 지원한다고 여긴다.

현재 진행 중인 러시아-우크라이나 간 무력 대치 상황은 어느 한쪽이 포기하지 않으면 '치킨 게임' 양상으로 이어질 가능성이 높다. 한편 우크라이나는 과거 **크림반도 사태**를 떠올리며, 러시아가 우크라이나에 친러 세력을 심어 우크라이나 동부를 흡수할 것을 우려하며 미국과 서방이 강력하게 개입해줄 것을 요청했다. 두 나라 간 전쟁 가능성이 높아졌을 당시 미국과 러시아는 중재안을 마련하고자 회담을 열었으나, 서로의 기존 입장 차이만 노출되었을 뿐 큰 성과 없이 마무리되기도 했다.

여기서 주목해야 할 내용이 몇 가지 있다. 우선 이 전쟁은 천연가스 확보를 위한 에너지 전쟁의 성격이 강하다는 것이다. 유럽으로 가는 러시아의 천연가스관이 우크라이나 영토에 매설되어 있기 때문에 이를 둘러싼 갈등이 심화될 수밖에 없

2014년, 다수의 러시아인이 거주하던 우크라이나 영토인 크림 반도를 러시아가 병합한 사건이다.

는 상황이다. 만약 러시아가 유럽으로 가는 천연가스를 막을 경우, 유럽은 극심한 에너지 공급난에 시달릴 것이 자명하고 전 세계 인플레이션 압력이 더욱 확대될 수 있다.

게다가 러시아-우크라이나 사태로 유럽 국가들이 스스로 국방을 강화하려는 움직임이 생겼다. 일례로, 독일은 최근 연간 방위비 지출을 GDP의 2% 이상으로 늘리겠다고 발표하기도 했다. 독일이 제2차 세계대전 이후 국방비를 증액하는 것은 큰 의미가 있는 사건이다. 국방비 지출 증가 또한 유럽 경제에 큰 영향을 미칠 수 있다.

또 하나 중요한 점은 미국과 분쟁 중인 중국이 최근 부쩍 러시아와 가까워진 분위기라는 것이다. 코로나 발생 이후 질병에 공동으로 대처하려는 모습도 보여주었다. 홍콩 신문 〈사우스차이나 모닝포스트〉에 따르면, 중국과 러시아는 기후변화 문제, 원자력 정책과 관련해서도 협력을 강화하는 모습이라고 한다. 또 양국은 2022년 1월 인도양에서 대규모 합동 군사훈련을 실시하기도 했다.

과거 오랜 시간 미국과 2강 구도의 경쟁을 벌였던 러시아가 비록 지금은 이빨 빠진 호랑이 신세로 전락했다지만, 미국은 러시아의 힘을 무시할 수 없다. 그리고 차이메리카 분열 후 새롭게 재편될 글로벌 밸류체인에 중국과 러시아 간 밀접한 관계 형성은 앞으로 향하는 배의 방향을 바꿀 수도 있는 변수가 될 수 있다고 본다.

위에서 살펴보았듯이, 현재 미국-서방 세계, 중국-러시아 간의 대립인 신 냉전시대가 열렸다. 과거와 사뭇 다른 신 냉전시대, 여러 나라들이 얽히고설킨 갈등은 2022년을 예측할 수 없는 상황으로 내 몰 가능성이 있음을 말하고 싶다.

중국은 하나? 둘?
중국과 대만의 갈등

현재 중국과 대만은 각자 서로 중국 주권을 대표하는 합법 정부라고 주장한다. 독자 여러분도 주지하듯 이런 분열은 중국 본토에서 공산당에 패해 1949년 대만에 정착한 국민당 시절부터 이어져왔다. 흔히 두 나라의 관계를 '양안관계(兩岸關係)'라고 부른다.

중국과 대만은 서로 적대시하며 '자국의 영토를 불법으로 점거한 단체'라고 규정한다. 그런데 이들 두 나라 사이의 무력 긴장감이 차이메리카 분열 후, 그 어느 때보다 높아진 상황이다. 오래전부터 중국은 대만을 자국으로 편입하고 싶어서 안달이다. 이런 중국에 위기감을 느낀 대만은 미국 편에 서서 중국의 안보 위협에 대응하고 있다.

특히 대만은 세계 최고의 반도체 회사 중 하나인 TSMC를 갖고 있

중국과 대만의 갈등

는 터라, 최근 미중 갈등으로 반도체 조달에 어려움을 겪는 중국 입장에서는 자칫 무력을 동원해서라도 대만을 합병해 반도체를 확보하려 할 수도 있다. 충분히 예측 가능한 시나리오다. 그러나 이런 태도를 가진 중국을 미국이 가만히 놔둘 리 없다. 중국을 견제하려면 미국 역시 대만의 위기를 모른 척할 수 없는 상황이다.

몇 년 전, 미국은 화웨이를 견제함으로써 중국의 반도체굴기(半導體屈起)[14] 정책에 제동을 걸었고, 전략적으로 대만의 반도체 기업 TSMC를 지원하기도 했다. 미국은 중국 견제 차원뿐 아니라, 대만을 돕는다는 명분을 가지고 중국과 대만 간 갈등에 적극적으로 개입할 수도 있어 보인다. 때로는 군사력을 동원해서라도 말이다.

---

14 반도체로 우뚝 일어서겠다는 뜻. 중국 시진핑은 한국의 삼성전자와 대만의 TSMC를 벤치마킹한 반도체굴기를 국가 주요 전략으로 선정해 야심차게 진행 중이다. 현재 중국의 반도체 자급률은 15%에 머물러 있다. 반도체굴기가 말처럼 쉽지 않을 거라는 전망도 있다. 하지만 지난해 보이는 반도체 제조 시설 및 장비 부분만 해결한다면 한국이나 대만에 필적할 만한 반도체 전문인력, 미국 수준에 도달했다고 평가받는 반도체 설계기술이 더해져 그들의 말처럼 반도체 강국으로 '굴기'할 수도 있을 것이다.

대만은 우리나라와 매우 가까운 지역이다. 따라서 향후 중국과 대만 간의 다툼, 그리고 미국의 적극적인 개입 등의 이슈에 분명 우리도 적잖은 영향을 받게 될 것이다. 그렇기 때문에 중국과 대만의 분위기와 정세를 눈여겨봐야 한다. 좀 더 큰 시야로 세상 돌아가는 모습을 관찰하는 자세가 필요하다고 본다.

사실 전쟁은 인류 역사에서 늘 있어왔다. 잘 알려져 있지 않지만, 그간 중동에서는 간헐적·국지전 형태의 무력 다툼이 항상 있었다. 그러나 지금은 글로벌 경제에 부정적인 영향을 미칠 것이 분명한 큰 전쟁이 언제든 발발할 수 있는 시절이다. 이 사실을 인지해야 한다. 전 세계적으로 긴장의 끈을 놓지 말아야 할 전쟁 리스크가 높아진 시대를 우리는 살고 있다.

소비 대신 투자 확대에 나선 미국

차이메리카 시절의 미국은 기축통화 달러를 바탕으로 글로벌 경제를 쥐락펴락했다. 그간 미국은 전 세계, 특히 중국에서 만들어진 제품을 달러로 모두 사들여 소비하는 국가였다. 중국이 세계의 공장이 될 수 있었던 이유도 주요 소비처인 미국이 달러로 모든 제품을 구매해주었기에 가능했다.

미국: 무엇이든 만들기만 해. 전부 사줄게!
중국: 오, 고마워! 우리가 많이 만들게.

그러나 차이메리카 분열 이후 미국은 소비보다 투자 비중을 높여가는 데 더 집중하고 있다. 그런데 미국이 투자를 하더라도 과거처럼 제조업에 집중하는 대신 향후 성장 모멘텀이 유망해 보이는 '그린'에 집중할 것으로 전망한다. 미국이 선택한 주인공은 기후환경 인프라, 그린 투자 등이다.

미국, 소비에서 투자로

여기서 한두 가지 자료를 통해 그간 소비국이었던 미국에 어떤 변화가 생겼는지 확인해보자. 물론 미국 역시 기본적인 소비는 하겠지만, 큰 틀에서 상황을 살펴보자는 이야기다. 본문에서 소개하는 그림

●····· **미국의 무역수지 추이**

(10억 달러)

출처: 리피니티브, 두물머리

은 미국의 무역수지를 나타낸 것이다. 무역수지란 한마디로 수출에서 수입을 뺀 것이다. 무역수지가 마이너스라면 수입이 수출보다 많다는 뜻이다.

그림에서 보듯 미국의 무역수지는 석유를 제외한, 대부분의 상품들에서 계속 마이너스를 보이고 있다. 미국이 상품 구매를 당장 멈출 수는 없다. 계속 물건을 사기는 할 것이다. 그런데 핵심은 어디에서 사느냐다. 과거처럼 중국에서 사는 게 아니라 다른 나라에서 산다는 게 포인트다. 그리고 미국이 소비를 하긴 하겠지만 다음 그림에서 보듯 무게중심이 소비보다는 투자로 향해 있다. 바이든 정부는 최근 1조 달러에 버금가는 예산안을 통과시켰다.

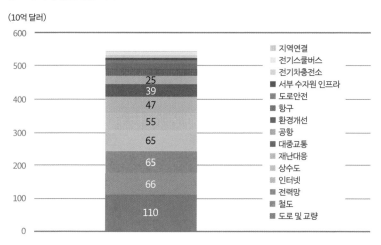

●·····**투자에 집중하는 미국**

(10억 달러)

출처: 미국 백악관, 두물머리

그런데 미 예산안의 절반인 5,000억 달러를 투자에 집중할 예정임을 자료에서 알 수 있다. 5,000억 달러 중 상당 부분을 기후환경 인프라 구축에 배정했다. 미 정부가 그린 투자의 기초를 마련하고 있는 것이다. 그래야만 미국 제품은 친환경 제품으로 변신하고, 중국 제품은 여전히 공해 제품으로 남을 것이기 때문이다.

정리하자면, 당연히 미국도 소비를 하기는 하겠지만 소비보다 기후환경, 그린 인프라 분야에 투자를 더욱 확대해갈 것임을 주목해야 한다. 결국 미국의 투자 확대는 새 글로벌 밸류체인의 변화를 염두에 둔 중국 압박 전략의 일환이다.

미국은 소비국? 투자국?

미국은 소비를 하면서 투자할까, 소비를 줄이면서 투자할까? 미국의 무역수지를 살펴보면 계속 적자를 기록 중이다. 이 말은 미국이 많은 물건을 수입한다는 이야기다. 물론 미국은 많은 물량의 석유를 수출하면서 이 분야에서 흑자를 기록 중이지만, 석유 이외의 나머지 부분에서는 적자를 보이고 있다.

●·····미국 자본재 수주액

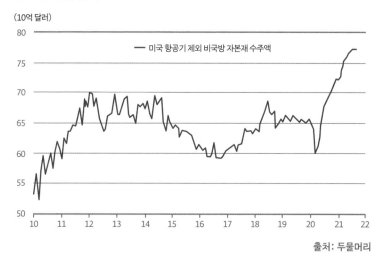

(10억 달러)

출처: 두물머리

만약 미국이 수입을 줄이는 정책, 즉 자국 내 필요 물건을 스스로 만들어내는 정책으로 완전히 전환한다면 'next chain'이 그다지 큰 의미가 없다. 그런데 미국은 자신들의 달러를 가지고 앞으로도 많은 제품을 사들이는 소비국이 될 것이다. 새롭게 재편될 밸류체인 시절에도 미국은 저렴하고 값싼 제품을 많이 수입할 것이다.

그렇다면 미국이 투자에 많은 공을 들인다는 건 어떻게 알 수 있을까? 결국 투자는 바이든 행정부가 밝힌 투자 정책에서 확인할 수 있다. 바이든 정부의 국정 아젠다가 투자 확대다.

앞의 자료에서 보듯이 바이든 행정부의 예산 중 눈여겨볼 곳은 그린 인프라에 대한 투자다. 과거 트럼프 행정부가 셰일오일에 관심이 많았다면, 현 바이든 정부는 친환경에 관심이 높다.

어게인!
Made in USA 시대

혹시 여러분은 미국산 제품을 사용해본 기억이 있는가? '메이드 인 유에스에이(Made in USA)' 글자가 선명히 새겨진 물건은 아마 베이비 부머 세대에게만 익숙할 수도 있을 것 같다. 요즘 MZ세대는 중국, 베트남, 인도네시아 등에서 생산된 제품들이 당연한 것으로 여긴다. 미국은 오랫동안 상품을 만들지 않았다. 물론 한때 미국은 제조업을 바탕으로 'Made in USA' 제품을 생산함으로써 경제 대국으로 자리 잡는 데 성공했다. 그러나 부자가 된 이후에 미국은 생산 대신 소비에 더 집중했다. 무려 지난 반세기 동안 말이다.

이랬던 미국이 다시 한번 과거의 찬란했던 'Made in USA'의 영광을 재현하려는 정책을 만들어 실천하려고 한다. 앞서 말했듯이 미국은 지금처럼 소비도 하겠지만, 과거와 달리 투자 확대를 통해 물건을 생산하는 국가로 변모할 것으로 보인다. 다만 경쟁국들이 생각지 못하거나 다루는 데 한계가 있는 아이템인(중국이 비환경적인 여건에서 만드는 저렴한 제품과 차별화된) 친환경, 4차산업, 우주산업 분야의 투자를 더욱 늘려갈 것으로 전망한다.

미국 제품의 경쟁력을 높이는 방법

새롭게 재편될 밸류체인의 변화 중에는 'Made in USA'가 상징적으로 자리를 잡고 있다. 과거처럼 미국 제품이 전 세계를 장악하고 많은 소비자들의 호응을 얻기 위해서는 몇 가지 조건을 충족시켜야 한다. 당연히 미국이 만든 제품이 중국 제품보다 품질이 좋아야 할 것이다. 그리고 가격도 더 저렴해야 경쟁력이 생긴다.

비현실적인 이야기처럼 들리겠지만, 그런 일이 가능한 시대가 눈앞에 다가왔다. 만약 퀄리티가 거의 똑같은 제품 두 가지가 있다면, 소비자는 분명 저렴한 제품에 지갑을 열 확률이 높다. 그만큼 가격 경쟁력이 중요하다는 이야기이며, 저렴한 가격으로 만들어야만 승산이 있다는 뜻이다. 여기에는 또 다른 방법이 있다. 바로 상대방의 가격, 즉 중국 제품의 가격을 높이면 된다. 이렇게 하면 미국 제품의 경쟁력이 상대적으로 높아질 것이다.

친환경 이슈가 미치는 영향

오늘날 사람들은 친환경에 대한 관심도가 높다. 또 사람들은 조금 불편하고 비싸더라도 가치 있는 물건을 구매하는 것이 현명한 소비라고 생각하고 자랑스럽게 여긴다. 단지 싼 물건을 사는 것에서 벗어나 인류애가 담긴 메시지를 구매하는 것이다. 또 과거처럼 환경을 파괴하고, 나아가 공해까지 생산해가며 만드는 중국 제품의 불매운동과 높은 세금 때리기 전략도 가동되고 있다. 즉 중국이 누워서 다리 뻗을 자리를 미국이 야금야금 차단해가는 것이다.

필자가 판단하기에는 향후 미국이 새로운 친환경에 투자하는 메커니즘이 나타날 것이라고 전망한다. 투자를 통해 생산하는 나라로 탈바꿈할 미국에 맞설 중국의 전략은 지금으로선 딱히 없어 보인다. 아무튼 현재 미국은 상대방 물건을 비싸게 만드는 작업을 진행하고 있으며, 유럽과 친환경 협정을 맺음으로써 중국을 압박하고 있다.

내수 진작,
소비 확대에 나설 중국

2001년 중국은 WTO에 가입했다. 중국 경제는 WTO 가입 전과 후로 나뉠 만큼 큰 변화를 보여주었다. WTO 가입 후 중국은 예전과 전혀 다른 수준의 경제성장을 이룰 수 있었고, 결국 독일이나 일본을 제치고 G2 자리에 올랐다.

중국이 G2에 오를 수 있었던 바탕은 수출이다. 엄청난 글로벌 머니를 유치해 공장을 짓고 물건을 만들어, 전 세계 생산기지 역할을 한 덕분에 중국 경제가 발전하게 되었다. 이랬던 중국이 차이메리카 분열 이후에는 자국 내 소비 진작에 힘쓸 것으로 예상된다. 환경이 바뀐 만큼 나름의 자구책을 강구해 실천하려는 시도다.

한때 '중국산 없이 살아보기'라는 테마가 주목받을 만큼 중국의 무한한 공급능력에 세계가 의존해왔다. 그렇게 중국에서 물건을 사준 나라들, 특히 선진국들은 더 이상 중국 제품에 열광하지 않는다. 선진국들의 인식 변화가 중국이 값싼 물건을 수출하는 데 장애물이 된 것이다. 선진국들은 친환경 제품과 거리가 먼 중국 제품을 외면한다. 특히 코로나 이후 이런 분위기가 현실이 되었다. 당연히 중국으로선 녹록하지 않은 상황이다. 그렇다면 성장 절벽에 빠진 중국, 한 단계 더 성장해야 할 중국 정부가 할 수 있는 해결책은 내수로 방향을 바꾸는 방법뿐이다.

빈곤 국가였던 중국, 어떻게 G2가 되었나?

중국의 성장은 2001년 WTO 가입에서부터 시작되었다. 중국은 WTO 가입 후 노동력과 저렴한 인건비를 앞세워 세계의 공장이 되었다. 그리고 블랙홀처럼 글로벌 머니를 흡수했다. 2002~2008년 사이 중국으로 천문학적인 투자금액이 흘러들었고, 같은 기간 동안 중국이 벌어들인 달러는, 놀라지 마시라! 무려 1경 2,800조 달러(1,200경 원) 수준인 것으로 알려져 있다.

WTO 가입으로 개발도상국 지위를 얻은 중국은 선진국과 교역을 할 때 관세 혜택을 받을 수 있었는데, WTO 가입 전만 해도 중국은 물건을 생산해 다른 나라에 팔 때 높은 관세 허들로 인해 큰 재미를 볼 수 없었다. 그렇잖아도 저품질의 중국 제품을 비싼 가격으로 사주는 나라가 없었으니 말이다.

그런데 아이러니하게도 중국의 WTO 가입을 막아온 것도, 가입을 허락한 나라도 미국이었다. 공산주의 암흑기를 거치며 빈곤 국가로 전락한 중국은 가난에서 벗어나고자 WTO 가입이 절실했고, 민주당 정권의 빌 클린턴 미국 전 대통령은 중국의 WTO 가입을 용인하면서 이런 기대를 했다.

'중국이 WTO에 가입하면 공산주의 대신 자본주의가 확대될 것이고, 경제적 자유를 넘어 정치적 자유도 이루어져 개혁개방이 현실화될 것이다. 그리고 미국의 제품도 더 많이 팔 수 있을 것이다!'

하지만 클린턴의 예측은 완전히 빗나갔다. 중국은 세계에서 유례가 없는 중국식 사회주의를 만들어냈기 때문이다. 트럼프 전 대통령 시절부터 시작된 미중 무역갈등의 심화 상황에서 미국이 요구한 주요 협상조건들은 사실 20년 전 중국의 WTO 가입 당시부터 줄기차게 요구해온 내용들과 일치한다. 이른바 '금융시장 개방'과 '지적 재산권 보호' 요구다. 특히 미국은 자신들의 도움으로 빠르게 성장한 중국이 달갑지 않다. 미국은 자국 GDP 80% 수준까지 따라붙은 중국을 지켜볼 수만은 없다. 차이메리카 밸류체인은 오랜 시간 양국 간 이익을 주고받는 구조이긴 했으나, 시간이 지날수록 중국에 더 큰 도움이 되어왔다. 따라서 미국은 상황을 반전시킬 만한 새로운 밸류체인이 필요하다.

중국의 '쌍순환 전략'과 '공동부유론'

2022년 가을 3기 집권을 노리는 시진핑 주석은 집권 1기 시절 두 가지 순환, 일명 쌍순환 정책을 들고 나왔다. 첫째는 외순환이고 둘째가 내순환이다. 쌍순환 전략은 시진핑이 코로나 바이러스가 발생하기 전까지 추진했던 전략이기도 하다. 중국이 야심차게 진행한 쌍순환 전략 중 외순환 정책은 엄청난 글로벌 머니를 중국으로 유치하는 등 큰 성공을 거두기도 했다. 그런데 너무 큰 성공이 화가 되었을까? 이를 지켜보던 미국 트럼프 행정부에 한 방 크게 얻어맞은 것이다.

- 외순환: 중국이 저렴한 물건을 경쟁력 있게 만들어 글로벌 수출 대국으로 더욱 자리매김하겠다는 전략

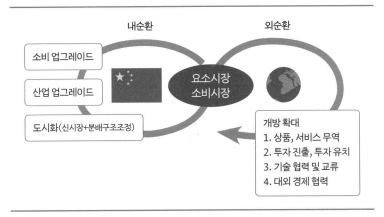

출처: 두물머리

> – *내순환: 중국 내부적으로 투자를 확대하고 내수를 일으켜 경제를 부*
> *양하겠다는 전략*

미중 무역갈등 이후 대외 환경이 중국에 불리하게 돌아갔다. 그동안 중국 제품을 가장 많이 구매하는 나라가 미국과 EU였는데, 미국과 유럽이 기후 협약을 맺었고 또 공해를 일으키는 중국산 제품에 대해 불매운동을 벌임으로써 중국은 전략적으로 내순환으로 전환해야 하는 입장에 놓였다. 중국 내 소비를 진작시켜야 하는 상황에 내몰린 것이다.

이와 같은 환경 변화에 대응하기 위해 중국은 2022년부터 내순환을 더욱 부각해 정책을 펼쳐나갈 것이라고 예상한다. 참고로 헝다 사태[15] 이후 중국은 자국 경제의 경착륙을 방지하기 위해 인민은행이 다시 한번 완화적인 정책으로 금리를 두 차례 낮추기도 했다. 이에 중국은 소비를 더 확대할 수 있는 상황에 이르렀다고 볼 수 있다.

중국 정부의 기업 규제

그런데 한참 잘나가던 중국이 인민들에게 내수 진작을 독려하려면, 뭔가 그럴듯하고 확실한 명분이 필요했다. 그래서 들고 나온 것이 '공동부유론(共同富裕論)'[16]이다. 그리고 내수 구매력을 높이고자 위안화 강세 정책을 펼치려는 것이다. 결국 2022년 중국 정부가 들고 나온 공동부유론 역시 새롭게 재편된 글로벌 밸류체인의 변화 속에서 나타난 일이라고 봐야 한다. 그런데 시진핑 주석이 공동부유론을 강력하게 실시하면서 다음과 같은 일들이 벌어졌다. 모든 중국 인

---

15 헝다 사태 이후, 리커창 총리가 경제공작회의를 앞두고 지급준비율(지준율) 인하 카드를 꺼냈다. 필자 생각에 지준율 인하가 나중에 후폭풍을 불러올 수도 있다. 지준율을 인하하면 그만큼 유동성이 풀린다. 중국 정부는 헝다 이슈로 불거진 연쇄 부도를 막고자 자금줄을 열었는데, 이런 유동성이 중국의 생산자물가를 올리는 역할을 할 거라는 우려도 있다. 전문가들은 만약 지금 상황에서 유동성을 푼다면 잠시 꺾인 듯 보이는 중국의 인플레이션 압력이 다시 고개를 들 수 있을 것으로 예상하기도 한다.

16 몇몇 소수만 부를 소유하는 것이 아닌, 모든 사람이 부를 공유하자는 이론이다. 중국 정부와 시진핑은 '공동부유론'을 2022년 국정 과제로 정했다. 필자는 공동부유론이 결국 공산주의에서 요구하는 본질적인 이론과 맥을 같이하기에 중국 인민들의 지지를 이끌어내는 데 용이했을 거라고 생각한다.

민이 공동으로 부유해지는 데 방해가 될 만한 것들에 대한 직간접적인 규제들이 뒤따른 것이다.

시진핑의 공동부유론 압박(부의 분배를 강조하는 분위기)에 밀려 중국의 대기업인 알리바바(2025년까지 18조 원), 텐센트(9조 원) 등은 울며 겨자 먹기식으로 엄청난 돈을 정부에 내놓기로 약속했다. 여기에 더해 중국 정부는 빅테크 기업의 반독점 규제를 강화하는 강수를 두기도 했다. 이에 빅테크 기업들은 혹시라도 정부의 눈 밖에 날까 봐, 일제히 공동부유 정책에 협력하겠다는 입장을 내놓았다고 전해지기도 한다. 그런데 혹자는 중국 정부가 최근 드라이브를 걸고 나선 강경책 이면에 시진핑의 장기집권 로드맵이 작동한다고 생각한다. 필자 역시 그 분석에 동의하는 바다.

공동부유론의 결과

2021년 말에 불거진 헝다 사태도 어쩌면 공동부유론의 희생양일 수 있다. 이자를 내줄 수 없을 만큼 많은 부채를 떠안은 헝다 파산설은 한때 글로벌 경제에 부담으로 작용하기도 했다. 그런데 내막을 들여다보면, 중국 당국이 추진한 부동산 안정 정책의 연장선상에서 부동산 개발사 헝다가 피해를 본 게 아니냐는 의구심도 존재한다. 자산 가격 상승으로 양극화가 한층 심화된 상황으로 인해 중국 인민들의 삶이 힘들어졌다면, 공동부유론에 반하는 일이 되지 않겠는가.

공동부유론을 주장하는 중국을 바라보는 서방 세계의 시각은 우려가 많다. 사유재산을 공동화한다는 것이니, 자본주의 논리와 완전히 반대의 정책이니까 말이다. 이런 시각은 차치하고, 그렇다면 공동부유론의 결과는 무엇일까? 장기집권을 노리는 시진핑의 포퓰리즘이라 생각할 수도 있다. 하지만 더 궁극적으로는 공동부유론이란 말처럼 모두 함께 부자가 되어 모두 함께 소비하자는 데 방점이 찍혀 있다고 생각한다. 사실 중국은 내수 부양에 한계가 있다. 수출로 번 돈만큼 과연 내수로 지지받을 수 있을까? 어려울 것이다. 이를 잘 아는 중국이 꺼낸 카드가 공동부유론이다. 차이메리카의 균열로 여의치 않은 상황과 마주한 중국이 내수 부양에 안간힘을 쓰는 모양새라 할 수 있다.

중국 위안화 강세가 불러일으킬 효과

필자는 현재 나타나고 있는 글로벌 인플레이션 압력의 출발이 중국에 있다고 생각한다. 그래서 중국발 인플레이션이라고 부른다. 이 말은 중국의 생산물가가 높아져 중국 제품을 구매하는 국가들이 더 비싼 가격을 지불해야 함을 뜻한다. 이는 자연스럽게 물가를 높여 인플레이션을 부추긴다.

차이메리카 밸류체인은 한쪽이 생산을 맡고 한쪽이 소비하는 흐름이었다. 앞서 밝혔듯 생산은 중국, 소비는 미국이었다. 생산자 중국은 무지막지하게 전 세계 투자 인프라를 담당했는데, 중국이 움직이면 철강, 원자재 가격 등이 모두 들썩였다. 그리고 중국이 공급을 멈추거나 하면 공급 차질 문제가 발생해 글로벌 물가에 압력을 주기도 했었다. 그렇다면 중국발 인플레이션을 잠재우는 효과적인 방법이 없을까?

일단 위안화 상황을 생각해보자. 만약 위안화 강세[17]라면 어떤 일이 벌어질까?

중국인의 구매력 상승

중국 입장에서는 해외에서 물건을 사올 때 위안화가 강하다면 좀 더 저렴한 가격으로, 더 많은 물건을 살 수 있다. 그런데 대부분 중간재를 수입해 완제품을 수출하는 중국 입장에서 저렴한 가격으로 중간재를 살 수 있다면, 완제품도 싸게 팔 수 있을 거라는 상황도 예상해볼 수 있다. 따라서 중국 위안화가 강세 국면이라면, 중국발 인플레이션의 우려가 기회로 바뀌는 게임 체인저가 될 수 있다고 본다. 필자는 중국 위안화의 강세 압력이 높아질 것으로 전망하는 사람 중 하나다. 그 이유는 다음과 같다.

2022년 중국 시진핑 정부가 추진할 정책은 조금 전 소개했듯, 수출 위주의 정책에서 벗어나 내수시장을 부양하는 것이다. 이를 촉진하고자 공동부유론을 주창했다. 이제 중국은 그간 행해온 수출 위주

---

17 119쪽 '중국은 위안화 강세가 좋을까, 약세가 좋을까?'를 참고하라.

의 정책에서 벗어나 변화를 꾀하고 있다. 그렇다면 중국의 내수시장을 부양하기 위해 가장 중요한 건 무엇일까? 바로 구매력이다.

그리고 외부에서 조금 더 싼 가격으로 뭔가를 가져와야 한다면 환율이 더 강해야 한다. 그런데 환율은 시장에서 결정되는 것이다. 참고로 중국의 특성상 환율은 거의 변동이 없는 고정환율 제도다. 물론 중국이 말은 변동환율 제도라고 해도 이 말을 곧이곧대로 믿는 사람은 없다. 실상은 중국 정부가 필요에 따라 환율에 종종 개입한다고 추정한다.[18] 이 부분이 핵심이다. 필자는 중국 당국이 자국의 내수를 부양하기 위해서 충분히 환율에 개입할 가능성이 높다고 생각한다. 내수 부양을 지향하는 중국 정부가 위안화 약세 상황이 오면, 강세 방향으로 이끌어갈 가능성이 높은 것이다. 이는 미국의 눈치를 덜 보는 중국이니까 가능한 일이다.

---

18 다른 말로 환율 조작, 환율 방어라고도 부른다. 정부가 외환시장에 적극 개입해 자국 통화와 다른 나라 통화(대표적으로 달러) 사이의 환율을 조정함으로써 유리한 방향으로 환율을 조작하는 것이다. 미국은 2016년부터 해마다 2회(4월, 10월)씩 '환율보고서'를 발표하는데, 몇 가지 기준을 정하고 이에 부합한다고 판단한 나라를 선정한다. 환율 조작이 의심되는 나라로 찍히는 순간이다. 몇 년 전 트럼프 전 대통령은 중국 정부가 오랫동안 환율에 적극 개입했다고 주장하며, 미중 갈등을 부추기기도 했다. 그러나 이를 입증할 만한 결정적인 증거가 나오지는 않았다.

구매력이 높아진 중국인

지난 20년간 중국 인민들의 평균 임금은 가파르게 올랐다. 물론 아직 지역별로 편차가 큰 것도 사실이지만, 한껏 높아진 중국인의 평균 임금은 상품을 사는 구매력의 변화를 의미한다. 전반적인 임금 상승은 곧 구매력 증가로 이어진다. 일례로 코로나 발생 이전, 서울 곳곳에 위치한 백화점과 쇼핑몰에서는 뭉칫돈을 들고 방문한 중국 큰손 방문객들이 한국 상품을 쓸어 담는 풍경이 흔했다. 반대의 예로 국내에 사드 배치 이슈로 인해 중국 관광객의 한국 방문이 줄어들자 매출이 떨어져 울상인 상인들이 속출하기도 했다. 이 모두 중국인의 구매력이 얼마나 커졌는지를 가늠케 해준다. 오늘날 중국인은 우리가 과거 중공이라고 불렀던 그 시절의 중국인과 비교할 수 없을 만큼 부자가 되었다.

중국 정부가 강조하는 '공동부유론'의 주요 소비자 역시 구매력 높은 중국인이 차지한다. 중국은 내수시장 부양으로 다른 나라 도움 없이, 중국이 만들어 중국만 소비해도 경제가 그럭저럭 굴러갈 수 있다고 생각하는 걸까? 흥미롭게 지켜볼 일이다.

물가 안정

  중국 위안화가 강해진다면 중국의 수입물가도 꽤 안정화된 모습을 보일 것이다. 현재 중국발 인플레이션 압력에 따라 글로벌 경제가 휘청거리는 상황이고, 이런 분위기가 2022년 상반기까지는 이어질 듯하다. 만약 위안화가 강세 국면으로 전환된다면 중국발 인플레이션이 낮아지는 효과가 나타날 수 있다고 본다. 조심스럽지만, 그 시기는 아마도 2022년 하반기가 될 것으로 전망한다.

차이메리카 해체가 미칠 영향

글로벌 경제를 이끌던 흐름이 바뀌었다. 생산자였던 중국은 수출 대신 내수시장 부양에 힘을 쏟고, 소비자였던 미국은 투자에 박차를 가할 것이다. 특히 미국은 투자를 통해 모멘텀을 일으킬 것으로 전망한다. 그리고 과거처럼 에너지나 원유를 대표로 하는 전통적인 굴뚝사업이나 제조업 대신 친환경 인프라 구축에 더 투자할 것이다. 따라서 투자에 관심이 많다면 새로운 밸류체인에 편승해야 한다. 차이메리카 해체 후 눈여겨볼 만한 투자 기회는 다음과 같다.

　－ 중국: 중국 내수 기업에 직접 투자, 위안화 강세와 결부된 투자
　－ 미국: 미국 주도의 친환경 인프라 사업에 주목

한편 차이메리카 해체가 어떤 파급효과를 불러올지 생각해보는 것도 의미가 있다. 이에 필자는 크게 두 가지(단기와 장기)로 나누어 차이메리카 해체가 미칠 영향을 간략히 소개하고자 한다.

단기적인 영향

먼저 단기적인 영향부터 살펴보자. 한마디로 말해서 '대중 관련 산업의 부진이 불가피하다'고 정의할 수 있다. 단기적 영향은 세상이 급변하면 기존 관례들이 갑자기 깨지는 것이기 때문에 늘 변동성이 뒤따른다. 불안한 모습을 보일 수밖에 없다는 뜻이다. 그간 글로벌 경제 시스템이 중국에 의존해왔기에 여파가 클 것 같다. 중국이 내수 부양 정책으로 방향을 돌리면서 많은 국가의 제조업 산업이 불안한 모습을 보일 수 있다.

물론 한국도 이런 상황에서 자유롭지 못하다. 한국의 경우 산업 구조가 중국에 의존한 모습이었다. 한국이 중국으로 수출한 물건 대부분은 공산품, 중간재였다. 그리고 중국은 한국으로부터 중간재를 수입해 완제품을 수출했다. 그런데 환경이 바뀌어 중국이 수출 대신 소비를 한다니까, 중간 다리 역할을 해온 한국이 고민에 빠질 수밖에 없다. 이를 극복하기까지 많은 고충이 따를 것이다.

'밸류체인이 그렇게 쉽게 바뀔까?'

'중국은 계속 생산을 할 거야.'

'진짜 미국이 안 사주네!'

위와 같은 의구심이 현실로 인식되기까지 시간이 걸릴 수도 있다. 변화에는 늘 적응의 시간이 필요한 법이다. 개인적으로는 차이메리카 해체를 인지하고 인정하기까지 1년 정도의 시간이 걸릴 것 같다. 중국이 수출이 잘되면 덩달아 한국도 수출이 잘되는 메커니즘이 과연 계속 이어질지에 대한 의구심과 논란이 꽤 있을 것이다.

참고 자료를 하나 소개한다. 중국의 제조업 구매관리자지수(PMI)와 한국 제조업 출하재고를 정리한 것이다. 그림에서 보듯 중국의 제

●····· 중국의 제조업 PMI와 한국 제조업 출하재고

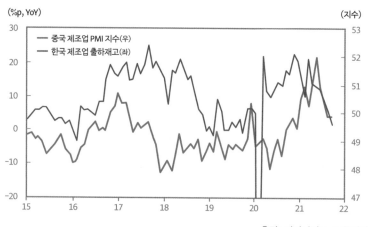

출처: 리피니티브, 두물머리

조업 경기가 좋으면 한국의 출하가 늘어나고, 중국 경기가 주춤할수록 한국 경기도 단기적으로는 주춤한 모습을 보여준다. 이는 중국과 한국의 상관관계가 높다는 의미다. 그러나 단순히 중국이 좋으면 한국도 좋아지는 시대는 끝났다. 자본의 속성상 이런 흐름이 생각보다 빠르게 진행될 것이라는 점도 알아야 한다. 이미 우리는 코로나 시대를 살아오면서 경험했다. 예전 같았으면 10년 걸렸을 일이 비대면 줌(Zoom) 미팅을 통해 1년 안에 이루어지지 않았던가.

장기적인 영향

이제 좀 더 시야를 넓혀서 장기적인 영향에 대해 논의해보자. 한마디로 말해서 '대미 관련 산업 성장 기대(플랫폼과 콘텐츠 분야)'라고 정의할 수 있다. 단기적인 영향이 걱정과 부정적인 것들이었다면, 장기적으로는 기회를 발견하고 희망을 갖자는 것이 핵심이다. 미국이 주도해갈 새 글로벌 밸류체인에 적극적으로 편승하자는 게 필자의 주장이다. 미국 중심으로 흐르는 변화에 몸을 맡기는 것이다.

과거의 체인(중국에 중간재를 수출해 중국이 최종재를 만들어 미국에 파는 방식)에서 벗어나 이제는 생산에 집중할 미국에 우리가 중간재를 넘기는 방향으로 가야 할 것이다. 이런 산업과 기업들에 희망이 있고 성장 가능성이 크다고 전망한다. 정리하자면, 미국 중심의 글로벌 밸류체인에 편승하는 전략이 적절하다고 본다.

기존 한국, 중국, 미국의 체인

한국 중간재 완성 후 중국에 수출 → 중국 최종재 완성 후 미국에 수출

한국과 미국의 체인

한국 최종재 완성 후 → 미국에 최종재 수출(중국 역할이 사라짐)

그림 자료를 하나 더 소개한다. 한국의 월간 수출액과 미국의 자본재 수출액을 정리한 자료다. 경제구조상으로는 그림에서 나타나듯 미국도 이제는 자체적으로 제조업에 공을 들이고 있음을 알 수 있다.

●····· **한국에 긍정적인 미국 투자 확대**

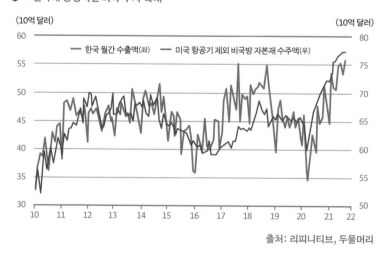

출처: 리피니티브, 두물머리

그간 우리가 취해온 '중국바라기'에서 벗어나 '미국바라기'가 되어야 한다는 것을 한 번 더 강조하고 싶다.

참고로 학술적인 용어를 빌려서 말하자면, 밸류체인에는 전방 참여와 후방 참여가 있다. 여기서 주목할 부분은 후방 참여 쪽인데, 후방 참여란 완제품 조리 및 가공, 물류 시스템, 나아가 마케팅과 브랜딩이 포함된다. 브랜딩의 경우 최근 각광받는 분야로 떠오르고 있다. 필자는 향후 이런 분야에서 기회가 만들어질 거라고 판단한다.

Next Chain, 한국의 전략은?

2021년 한국은 수출 호황을 누렸다. 대외 교역액도 전 세계 8위를 달성했다. 명실공히 선진국 지위에 걸맞은 경제 규모다. 이런 성과의 이면에는 미국과 중국 사이에서 우리에게 유리한 것들을 부분적으로 취할 수 있었기 때문이다. 그러나 G2의 첨예한 경제 대립이 지속될수록, 우리에겐 어느 한쪽을 선택해야 하는 시간이 다가오고 있다. 우리 눈앞에 성큼 다가온 next chain의 시대! 우리의 생존 전략은 무엇일까?

최근 한국은 반도체 강국이라는 평가를 받고 있다. 한국은 '21세기의 쌀, 전략적 무기'라고 불리는 반도체 분야의 강국이며, 대만과 치열한 경쟁관계에 있다. Next chain의 시대에 한국이 전략 무기로 삼아야 할 재료는 반도체가 아닐까? 반도체 강국 지위를 잘 활용해 다툼을 멈추지 않는 미국과 중국 사이에서 활로를 찾아야 할 것이다.

포스트 차이나, 중국을 대체할 나라는?

미중 무역분쟁으로 차이메리카가 깨졌다. 미국 입장에서는 자국의 구매력을 유지하기 위해 분명 수입이 필요한 상황이다. 그러나 미국의 수입처가 달라졌다. 중국을 외면하기 때문이다. 이는 곧 다른 수입처, 다른 국가들에게 기회가 될 수 있다는 이야기다. 그간 떠맡아온 중국의 역할을 다른 국가들이 해야 하는 시대, 일명 포스트 차이나를 찾아야 한다는 뜻이다.

그렇다면 중국을 대체할 만한 나라는 어디가 될까? 쉽게 떠오르는 나라들이 몇 있다. 중국 다음으로 인구가 많은 인도, 동남아시아 생산 기지로 떠오른 베트남, 그리고 반도체 강국인 한국 등이다. 하지만 중국이 WTO 가입 이후 전 세계의 공장 역할을 꽤 오랫동안 담당

했기에 짧은 시간 안에 몇몇 국가가 중국을 모두 대체하기에는 시간적으로나 역량적으로도 한계와 무리가 따른다. 그러나 새로운 밸류체인이 정착하기까지 속도가 점점 빨라질 것이다. 사실 뉴 밸류체인이 다가올 것이라는 전망은 2~3년 전부터 나오기 시작했다. 그렇기에 새로운 글로벌 경제 변화에 발맞춘 포스트 차이나(post China)를 찾으려는 노력이 뒤따라야 한다.

이에 필자는 세 가지 방향으로 나누어 중국을 대체할 방법을 소개한다. 여기서 말하는 세 가지 방법은 표준 경쟁, 기술 경쟁, 가격 경쟁이다.

중국이 갖고 있던 역량을 세 가지로 나눈 것이 핵심이다. 당연히 이들 세 루트에 투자의 기회가 숨어 있다.

표준 경쟁

첫 번째로 표준 경쟁의 최대 화두는 'ESG'다. ESG는 여러 의미를 품고 있지만, 여기서는 친환경 표준이라고 이해하면 될 것 같다. 세계적으로 그린 인프라 환경으로 바뀌면서 표준 경쟁이 활발해질 전망인데, 새로

Environmental, Social, Governance의 약자다. 단어 뜻대로 고스란히 표현하면 환경, 사회, 지배구조다. 좀 더 속 깊은 의미는 '기업들이 친환경 활동을 하고, 사회적 책임을 지며, 투명한 지배구조를 이루어야 한다'는 철학을 담고 있다.

운 구조 변화 속에서 어느 나라가 표준화 경쟁에서 승리할지가 궁금하다. 현재 친환경 표준 경쟁 분야의 선두 주자는 일본과 유럽이다. 아마도 일본과 유럽 두 세력이 ESG 표준을 획득하기 위해 치열한 경쟁을 벌일 것이다. 표준 경쟁이 일어나는 곳에 포스트 차이나 국가가 나타날 것이다.

CDMA는 Code Division Multiple Access의 약자다. 미국 퀄컴(Qualcomm)이 개발한 디지털이동통신방식으로 '확산대역기술'이 포함되어 있다. 퀄컴의 CDMA 기술이 국제표준이 되었고 퀄컴은 현재까지도 엄청난 로열티를 벌어들이고 있다.

하나 더 참고하자면, 이와 비슷한 경쟁이 과거에도 있었다. 2000년대 초반 IT 버블 이후 **CDMA**가 표준화 기술로 낙점받기까지 진행된 싸움이었다. 현재 ESG를 기반으로 한 친환경 표준 경쟁이 당시 상황과 비슷하다. 유럽의 ESG 관련 기업들을 눈여겨볼 필요가 있다.

기술 경쟁

두 번째는 기술 경쟁이다. 사실 차이메리카 환경 속에서 중국이 공급한 제품들은 기술적으로 낙후되어 있었다. 그런데 앞으로는 수준 높은 기술 경쟁이 뒷받침되어야만 미국이 관심을 가질 것이다. 기술의 집약체는 반도체다. 현재 전 세계에서 반도체를 생산하는 나라로는 한국과 대만이 있다. '21세기의 쌀'이 반도체라면, 앞으로 한국과 대만의 반도체 기업이 각광받을 것이고, 한국 반도체 기업들은 대만의 TSMC과 치열한 각축전을 벌일 것이다.

여기서 한 가지 고무적인 사실은 한국 반도체 기업들은 친환경 공정 설비를 갖춤으로써[19] 앞으로 더욱 수요가 커질 친환경 제품 생산에 한발 더 앞서 있다는 점이다.

가격 경쟁

세 번째는 가격 경쟁이다. 환경이 바뀌어도 여전히 저렴한 제품에 대한 니즈가 있다. 그런데 신 냉전시대로 접어들면서 이 같은 니즈를 가진 제품을 생산할 나라로는 인도, 동남아시아 등을 예상할 수 있다. 인도의 인구는 약 13억 9,000만 명으로, 14억 4,000만 명의 인구를 보유한 중국 다음으로 인구가 많다. 과거 중국처럼 저렴한 노동력으로 물건을 생산할 수 있는 구조다.

동남아시아의 경우 인구가 2억 7,000만 명인 인도네시아와 1억 1,000만 명의 필리핀, 그리고 약 1억 명에 근접한 베트남 등이 저렴

---

19 반도체는 여덟 가지를 공정을 통해 만들어진다. 반도체를 얻기까지 많은 공정이 필요한데, 8단계 공정을 거치는 와중에 환경을 오염시키고 공해를 만드는 일이 벌어진다. 그런데 우리나라 반도체 기술은 각 공정마다 친환경적으로 관리함으로써 오늘날에 부합한 친환경 반도체를 생산하는 데 일조한다. 경쟁국 대만도 친환경 반도체를 만들어내는 시스템을 갖추고 있어 향후 한국과 대만의 기술 경쟁이 더욱 치열해질 전망이다.

한 제품을 만들어내는 공장이 될 수 있다. 특히 동남아시아 국가들 중 베트남은 인구수뿐 아니라, 중위연령도 30세 전후로 매우 젊은 편이기도 하다. 일부 저렴한 제품을 만들어내는 생산자 역할을 충분히 할 수 있다. 여기서 언급한 국가들이 경쟁을 벌임으로써 저렴한 제품에 대한 니즈를 해소하는 역할을 맡게 될 것이라고 생각한다.

2022년은 차이메리카가 해체되고 글로벌 밸류체인 재편의 원년이 될 것이다. 10년간 유지되어온 글로벌 경제 흐름이 완전히 바뀌는 'next chain', 글로벌 밸류체인을 이해하고 대비해야 한다.

기존에 생산자였던 중국은 내수시장 진작에 공을 더 들일 것이고, 소비자인 미국은 친환경 투자에 심혈을 기울일 것으로 보인다.

미중 무역갈등이 심화되며 차이메리카가 깨졌다. 중국을 외면하는 미국에는 다른 수입처가 필요하다. 즉 다른 국가들에 기회가 될 수 있다. 포스트 차이나를 찾기 위한 노력이 필요하며, 그곳에 새로운 기회가 있다.

지정학적으로 강대국 사이에 낀 한국의 미래는 어떻게 달라질까? 특히 한국은 G2를 사이에 두고 정치적·경제적 이슈가 불거질 때마다 미국과 중국 사이에서 우리에게 유리한 것들을 부분적으로 취해오며 살아왔다. 그러나 G2의 대립이 점점 심화될수록 필연적으로 어느 한쪽을 선택해야 하는 시간이 다가오고 있다. 'Next chain'의 시대! 우리의 생존 전략에 대해 고민해볼 필요가 있다.

Next Stage _ Chapter 3

Next Generation,
MZ세대가
세상의 중심이다

INTRO

MZ세대는 아프다. 헬조선, 양극화 등의 사회적 문제로 상대적 박탈감에 빠져 있다. MZ세대에게는 이런 현실에서 도피하려는 욕구가 있다. 가진 게 많고 내세울 것이 많아야 함께 어울리며 생활할 테지만, 현실적으로 그런 부분이 채워지지 못하니 현실과 동떨어진 가상 세계에 머물며 각자 나름의 삶을 즐긴다. 또한 MZ세대는 가상자산에 관심이 많다. 메타버스, NFT가 요즘 각광받는 이유다. 이런 변화를 주도하는 'next generation', MZ세대가 드디어 이 세상의 중심에 섰다.

지금은
MZ세대 시대

Next stage의 세 번째 주제는 next generation, 즉 MZ세대다.[20] 그들은 글로벌 격변기(외환위기, 서브프라임모기지 사태, 그리고 디지털 시대)에 태어났다. MZ세대와 관련된 이야기는 차고 넘친다. 필자가 나름 파악한 MZ세대 이야기는 그들의 특징을 투자로 연결했다는 데 있다. 그리고 MZ세대가 세상의 중심에 있다는 메시지를 던지고 싶다. 그들이 세상에 중심이 되었다는 건 과연 무슨 의미일까?

---

20   이 책 Preview '05 MZ세대가 세상의 중심'을 참고하라.

MZ세대의 높은 비율

MZ세대가 세상의 중심이 되었다는 건 단순히 말하면 MZ세대 인구가 크게 늘었다는 것을 의미한다. 전 세계 80억 인구 가운데 MZ세대가 35% 정도를 차지한다. 인구학적으로도 MZ세대가 대세이자 중심이다. 특히 동남아시아를 비롯해 중국과 인도에 MZ세대가 많다. 우리나라 역시 전체 인구 중에서 MZ세대의 비중이 32%를 차지한다. 서울시만 놓고 보더라도, 서울 인구 10명 중 3명이 MZ세대에 속한다. 1,000만 명 중 300만 명이 MZ세대로 채워졌다. 이렇듯 전 세계적으로 MZ세대의 비율이 높다는 것이 첫 번째 핵심이다.

MZ세대의 구매력

더 무시무시한 핵심은 두 번째다. 얼마 전 글로벌 컨설팅회사 베인앤컴퍼니(Bain & Company)는 '2035년에는 Z세대의 구매력이 베이비부머를 앞지를 것'이라는 전망을 내놓았다. 그들의 구매력이 높아졌다는 말이다. 세상의 중심이 된다는 건 단순히 인구뿐 아니라, 물건을 사는 구매력도 뒷받침되어야 한다.

MZ세대는 모든 세대들 중에서 구매력이 가장 빠르게 높아지고 있는데, 이는 모든 세대를 통틀어 가장 높은 수준이다. 이 이야기는 물건을 만들어 이윤을 추구하는 기업들에 시사하는 바가 크다. 당연히 돈을 벌려면 MZ세대로 타기팅(targeting)해야 한다. 기업들은 MZ세대가 주요 소비자로 떠오른 만큼 그들에게 맞춘 제품과 서비스를 제공하고자 노력해야 한다. 물론 이미 기업들은 주요 제품 라인업에 MZ세대의 기호와 취향을 반영하는 중이다.

기업의 회장들은 신년사를 통해 MZ세대가 기업들의 주요 타깃임을 천명하기도 했다.

"그룹 차원에서 MZ세대에게 특화된 디지털 플랫폼을 구축하겠다."

– 우리금융그룹 손태승 회장 신년사 중에서

제품만이 아니라 도서나 영상, 그리고 사회·문화 콘텐츠를 망라한 분야에서 MZ세대를 타깃으로 삼는 전략을 만들어 제공해야 하는 시점이다. MZ세대를 잡아야 기회가 온다. 그런데 필자가 오랜 시간 연구·관찰하며 파악한 MZ세대만의 특징이 세 가지가 있다. 그 이야기를 좀 해보려고 한다. 우선 MZ세대의 세 가지 특징을 정리하면 다음과 같다.

① 이상주의
② 이타주의
③ 초개인화

180

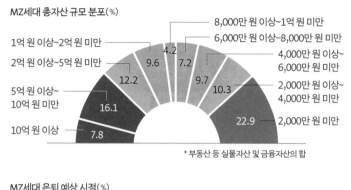

MZ세대 총자산 규모 분포(%)

1억 원 이상~2억 원 미만
2억 원 이상~5억 원 미만
5억 원 이상~10억 원 미만
10억 원 이상

8,000만 원 이상~1억 원 미만
6,000만 원 이상~8,000만 원 미만
4,000만 원 이상~6,000만 원 미만
2,000만 원 이상~4,000만 원 미만
2,000만 원 미만

4.2
9.6
7.2
12.2
9.7
16.1
10.3
22.9
7.8

* 부동산 등 실물자산 및 금융자산의 합

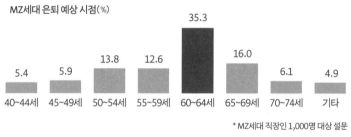

MZ세대 은퇴 예상 시점(%)

40~44세	45~49세	50~54세	55~59세	60~64세	65~69세	70~74세	기타
5.4	5.9	13.8	12.6	35.3	16.0	6.1	4.9

* MZ세대 직장인 1,000명 대상 설문

출처: 미래에셋증권 연금센터

이제부터 앞에서 정리한 MZ세대의 세 가지 특징을 하나씩 상세히 살펴보겠다.

▶ ▶ ▶ N E X T   G E N E R A T I O N ▶ ▶

꿈이 사라진 현실, 이상주의에 빠지다

현실도피 현상

1980년대 초~1990년대 중반에 태어난 M세대와 1990년대 중후반~2000년대 초에 출생한 Z세대, 그들은 공교롭게도 '이상주의'라는 특징을 보여준다. 이게 무슨 뜻일까? 현실도피 성향이 가장 강한 세대라는 말이다. 코로나 바로 직전만 해도 한국 사회에서 가장 유행한 단어 가운데 하나가 '헬조선'이었다. 최근 코로나를 겪으면서 우리 사회의 민낯이 드러났는데, 바로 양극화 문제였다. 미 연준이 발표한 자료에 따르면, 자본주의의 꽃인 미국은 상위 10%가 미국 주식의 89%를 소유한 것으로 보고되고 있다. 부동산의 경우 거의 절반에 가

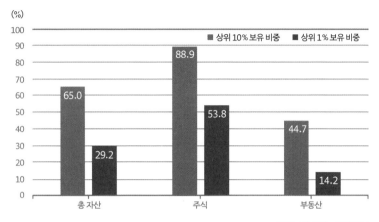

●······ 미국 가계의 자산 형태

(%)

■ 상위 10% 보유 비중   ■ 상위 1% 보유 비중

88.9

65.0

53.8

44.7

29.2

14.2

총 자산   주식   부동산

출처: 미 연준, 두물머리

까운 45%를 상위 10%가 보유하고 있다고 한다. 미국 역시 코로나를 지내며 돈이 한쪽으로 쏠리는 양극화 현상이 벌어졌다. 전 세계적으로 부가 한쪽으로 쏠리는 양극화는 사회적 문제다. 하물며 한국의 양극화 현상은 미국보다 더했으면 더했지 덜하지는 않다. 한국의 MZ세대는 코로나를 겪으며 부채가 크게 늘었는데, 그러니 금리가 오른다고 하면 다들 아우성인 것이다.

2021년 민주당 김희재 의원실에서 발표한 자료에 따르면, MZ세대 간에도 양극화가 점차 심화되고 있다. 통계적으로 하위 20%는 2,500만 원 정도를 버는 데 반해 상위 20%는 8억 원을 번다는 자료다. 얼추 따져도 약 35배의 차이다. 이것이 현실적인 양극화의 결과다. 그러니까 헬조선이라는 끔찍한 단어도 실은 양극화가 만들어낸

아픈 현실이라고 하겠다. 개인적으로는 헬조선이라는 말을 들을 때마다 서글픈 생각이 들곤 한다. 그들은 꿈이 없기 때문에 삶이, 그리고 이 나라가 지옥 같다는 이야기를 하는 데 서슴없다. 그리고 누구나 가져야 할 꿈을 꿔보지도 못하고, 설령 꿈을 꾼다 해도 그 꿈의 크기조차 양극화가 되어 있다는 현실이 더욱 답답하다.

MZ세대가 가진 이런 의식은 기어코 현실을 외면하거나 부정하는 성향으로 발전했다. 그러다 보니 MZ세대는 헬조선이라고 믿는 현실에서 벗어나 이상주의 세계로 넘어가려는 경향이 두드러진다. 현실에서 경험한 부정적인 인식을 다른 쪽으로 배출하려는 것이다. 참고로 여기에 편승해 게임 사업이 큰 수혜를 입었다고 생각한다. 게임 속에서는 누구나 얼마든지 돈 많은 주인공, 절대 권력자가 될 수 있으니까.

현실에서 벗어나 가상 현실에 투자

투자의 관점도 MZ세대는 기성세대와 생각이 사뭇 다르다. 그들은 현실에서 양극화를 경험하며 이에 대한 걱정이 많다. MZ세대 중에서도 특히 나이가 어릴수록 투자에 대한 마인드가 확고하다. 이 말은, MZ세대는 '현실적으로 월급만으로는 살아가기가 힘들고 벅차니 어릴 때부터 열심히 재테크를 공부하고 노력해 부자가 되겠다'는 투자 마인드를 갖고 있다는 이야기다. 일례로 2020년 코로나 이슈로 주가가 아래로 곤두박질쳤다가 다시 전 고점을 찍고 사상 최고의 지수를 기록할 때, MZ세대가 '주린이' 열풍에 대거 합류하기도 했다.

또한 그들은 현실을 피해 어디론가 도피하려는 특징을 투자 세계에서도 고스란히 보여주었다. 현실에서 벗어나 있는 곳, 이상적인 곳, 현실에서 만족하지 못하는 바를 이룰 수 있는 곳, 바로 게임과 연결된 메타버스 분야다. 이런 MZ세대의 판단에 따라 최근 투자 테마의 지형이 크게 바뀌기도 했다. 그들이 세상의 중심이기 때문이다.

결론적으로 MZ세대는 현실과 대척점에 있는, 그리고 이상적이라고 여기는 투자처 메타버스, 그리고 NFT가 유망할 것이라고 본다. MZ세대는 현실보다 이상주의 투자 성향이 강하다. 메타버스, NFT가 점점 더 부각되는 현상도 MZ세대의 이상주의 특성에서 기인한다고 볼 수 있다.

MZ세대의 두 번째 특징, 이타주의

선플 달기 현상

MZ세대의 두 번째 특징은 이타주의다. 이를 뒷받침하는 재미난 사례가 있다. 최근 필자는 구독자 수 100만 명이 넘는 몇몇 유튜브 채널에 출연해 2022년 글로벌 경제의 흐름에 대한 이야기를 공개적으로 밝힌 적이 있다. 그런데 모 채널에서 촬영을 마친 후, 해당 채널 운영자가 자신의 채널에 달린 댓글에 대해 흥미로운 이야기를 들려주었다. "연령이 낮을수록 친절하게 댓글을 달아주는 편"이라는 것이었다.

반대로 나이가 많아질수록 고집이 세다고 느껴지는 댓글도 많고 직설적이라고 한다.[21] 아무래도 MZ세대는 SNS 활동이 친숙하고 활발하다 보니, 사회적인 이슈에 관심도 많고 SNS상에서 벌어지는 일들이 다른 세대들이 생각하듯 가상이 아닌 자신의 '찐현실'로 여기니까 이런 일들이 벌어지는 것이다. 이와 같은 선플 달기 기조는 다른 사람의 기분을 배려하는 MZ세대만의 이타주의적 특징이라고 볼 수 있다.

환경 문제에 높은 관심

MZ세대는 사회적 인식이 있고, 시대를 바라보는 눈이 뚜렷하다. 놀랍게도 MZ세대 사이에서는 공공이타주의가 만연하다. 이와 연관지어 공공이타주의가 또 다른 변화를 불러오고 있다. 세대를 막론하고 우리가 코로나를 겪으며 중요하게 생각하고 새롭게 인식하게 된 테마가 바로 환경 문제다.

---

21 구독자 100만 명 이상을 보유한 모 유튜버에 따르면, MZ세대 유튜브 구독자들은 영상 시청 후기를 대부분 긍정적으로 남긴다고 한다. 반면에 MZ세대 이상의 세대 특히 50대 이상의 구독자들은 영상 시청 후 눈에 띄게 부정적인 댓글을 단다고 전한다. 우리나라 50~60대는 현재 기성세대임과 동시에 격변의 시대를 보낸 이들이다. 그들은 적극적인 현실 참여로 기존의 관습, 문화, 심지어 정권까지 교체해본 경험이 있다. 이런 경험을 토대로 50~60대는 자신의 의견을 솔직하게 표현하는 데 익숙하다. 그러나 MZ세대의 경우 사회구조적으로 현실에 참여할 수 있는 기회가 상대적으로 부족했다. 그 결과로서 MZ세대가 온라인 비대면의 공간으로 숨어들었는지도 모를 일이다.

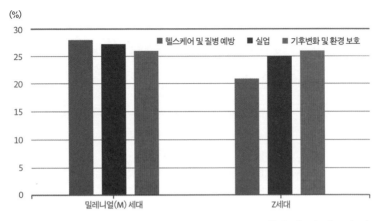

●······ **MZ세대가 중요하게 생각하는 이슈는?**

(%)

■ 헬스케어 및 질병 예방   ■ 실업   ■ 기후변화 및 환경 보호

밀레니얼(M) 세대   Z세대

출처: 딜로이트(Deloitte)

　그런데 유독 MZ세대는 공공이타주의적 성향과 맞물려 환경에 대한 인식이 다른 세대보다 강하게 나타난다. MZ세대에게 "여러분이 가장 걱정되는 세상의 이슈가 무엇인가?"라는 질문을 던지면, 놀랍게도 기후와 환경, 친환경 인프라가 중요하다는 대답이 돌아온다! '기후변화' '환경변화' 이슈를 과거보다 상당 부분 심각한 문제로 고려하기 시작했다. 이는 생각보다 공공이타주의가 넓게 펴져 있다는 방증이다. 따라서 우리는 MZ세대가 큰 관심을 가지는 ESG 산업에 투자 기회가 있음을 직감적으로 알 수 있다.

ESG 사업에 투자 기회가

인구도 많고 구매력도 높은 MZ세대가 친환경에 관심이 많다는 증거는 곳곳에서 나타나고 있다. 실제로 그들은 환경을 해치는 쓰레기, 공해를 발생하는 제품을 구매하는 대신 값이 조금 비싸더라도 친환경적인 제품을 구매하는 데 지갑을 연다. 이런 행동은 MZ세대 자신뿐 아니라 미래의 후손을 위한 선택이라는 인식을 가졌기에 가능한 일이다. 앞으로 환경을 고려하지 않는 기업에는 투자를 거부하겠다는 세대가 세상의 중심으로 부상했다. 그것이 포인트다.

친환경 ESG 투자에 더욱 가중치를 두는 이들이 MZ세대인 만큼, 이런 분위기가 반영되어 ESG 관련 채권은 이미 극적으로 부각되고 있다. 앞으로 이런 성장세가 더욱 빨라질 것이며 한국 역시 ESG에 매우 큰 관심을 갖고 있다. 앞으로는 환경을 괴롭히거나 파괴하지 않고, 자연을 보존하려는 그린 투자가 각광 받는 테마가 될 것이다. 과거 세대가 그랬던 것처럼 무조건 비용 대비 효율을 따지고, 되도록 저렴한 물건을 구매하던 시절과는 완전히 달라졌다. 다시 강조하건대, 핵심은 MZ세대가 가치 있다고 생각하는 ESG에 또 다른 기회가 숨겨져 있다는 사실이다. 그렇게 세상은 변해간다.

맞춤 서비스가 대세, 초개인화

맞춤 서비스 니즈의 확대

세 번째는 바로 초개인화다. 개인화를 훨씬 뛰어넘은 초개인화다. MZ세대는 자신에게 맞는 서비스가 아니면 열광하지 않는다. 참고로 필자는 AI 핀테크 기업 두물머리에서 근무한다. 필자의 회사에서 중점적으로 연구·개발하는 분야가 MZ세대의 세 번째 특성인 초개인화 관련 사업이다. 우리도 이곳에 초점을 맞춘다.

MZ세대는 대부분 맞춤 서비스를 원한다. 이런 MZ세대의 기호에 맞추려면 기업들이 어떤 분야에 관심을 가져야 할까? 바로 데이터다. 데이터가 많을수록 개인에 맞는 맞춤 서비스를 제공하는 데 용이

하다. 물론 과거에도 개인화라는 트렌드가 있었다. 그러나 해가 갈수록 개인화를 넘어 초개인화(하이퍼 개인화)가 빠르게 다가왔음을 직감한다.

이해를 돕기 위한 가상의 사례를 하나 소개한다. 만약 과거에 A라는 사람이 자신의 행동, 습관, 일정에 맞는 일거수일투족 맞춤 서비스를 원한다고 말했다면, 정신 나간 사람 소리를 듣기 십상이었을 것이다. 예전에는 그런 서비스 제공이 불가능했다. 개인의 기호에 일일이 제품을 맞추려면 엄청난 비용이 들기 때문이다.

그런데 요즘엔 분위기가 달라졌다. 일례로 자동차를 구입할 때 원하는 대로 색깔이나 옵션 등을 스스로 선택할 수 있다. 이렇듯 초개인화 콘셉트는 앞으로도 다방면으로 확대될 것으로 전망한다. 물론 하나의 조건이 필요하다. 초개인화를 달성하려면 개인의 취향, 생각, 행동을 알아야 한다. 각각의 니즈와 성향을 파악하는 데 필요한 데이터, 특히 빅데이터가 있어야 초개인화 시대가 열린다.

재구매를 꺼리는 소비 패턴

잠시 MZ세대의 소비 패턴에 대한 이야기를 해보겠다. 필자만 해도 물건을 하나 구매하면 고장이 나거나 잃어버리지 않는 한 웬만해서는 물건을 바꾸지 않는 편이다. 대표적인 제품이 스마트폰이다.

그러나 MZ세대는 다르다. MZ세대를 대상으로 실시한 조사에 따르면, "만약 어떤 제품이 당신에게 매우 유용한 상황인데, 다음에도 같은 제품을 구매할 것인가?"라는 질문에 대한 MZ세대 다수의 답변은 "재구매하지 않겠다"였다. 한번 사용해본 제품에 싫증을 느끼는 것이다. 기존 세대의 경우 제품에 하자가 없고 더군다나 만족한다면 다음에도 같은 제품을 살 것이다. 그러나 MZ세대는 어느 제품에 꽤 만족했더라도 재구매 의사가 생각보다 높지 않다.

이 설문 결과는 많은 기업이 연구해야 할 가치가 있다고 본다. 현재 자신의 분야에서 1위 자리를 차지하고 있는 기업이라도, 영원한 1등은 없다는 경각심을 가져야 한다. 왜? MZ세대는 제품 충성도가 다른 세대에 비해 매우 낮기 때문이다. 필자는 MZ세대의 답을 통해 두 가지 내용을 유추한다. MZ세대는 제품에 대한 로열티가 매우 낮다. 이들의 로열티를 끌어올리기 위한 전략의 필요하다. 두 번째는 제품의 주기가 매우 짧아졌다는 사실이다. 요즘 시중에 론칭되는 TV만 해도 1년에 한 번씩 업그레이드되어 출시된다. 그리고 핸드폰의 경우 과거에는 신상품 출시 주시가 2년이었지만, 지금은 그 주기가 5~6개월이다. 이런 흐름을 알아야 한다.

이제는 계속 변해야 살아남을 수 있는 게 기업의 운명이다. 과거에 만든 동일한 제품으로는 승산이 없다. MZ세대는 자기 기호에 맞아야 돈을 지불한다. 이러한 MZ의 낮은 구매의사 성향은 광고시장에 또 하나의 기회로 작용할 수 있다. 광고시장은 기업의 제품 주기가 짧을수록 잦은 광고 의뢰로 이어질 수 있다. 게다가 광고의 범위가 현실을 넘어 가상 세계로까지 확대되며 시장 규모 자체가 커지는 효과가 기대된다.

BMW의 사후 서비스 전략

로열티가 낮은 소비자의 로열티를 이끌어내려면 어떻게 해야 좋을까?

기본적으로 사후 서비스(A/S)에 충실해야 한다.

대표적인 독일 차 브랜드 BMW는 로컬 서비스를 보다 폭넓게 확대함으로써 로컬 소비자들의 재구매 비율을 높이고자 노력한다. BMW는 수입차 중에서 한국에 서비스 투자를 가장 많이 하는 브랜드이기도 하다. 실제로 한국 내 BMW 서비스센터 수는 약 60개로, 20~30개 정도 되는 타사에 비하면 월등히 많다.

예전처럼 한번 물건을 팔고 마는, 때로는 기존의 브랜드 인지도가 재구매 비율을 높여주던 시대는 이제 끝났다.

차별화된
맞춤 서비스의 확대

맞춤화 영역에서 특히 올해 적시성이 있는 분야가 있다면 단연 퇴직연금이다. 2021년 4월 법개정 이후, 1년 동안의 유예기간을 거치고 2022년 4월 14일 드디어 법이 시행된다. 일명 퇴직연금 수익률 제고를 위한 자산운용지침(IPS, Investment Policy Statement) 도입이다. 이 법안의 골자는 방치된 퇴직연금에 자동 투자 디폴트옵션(사전지정운용제도)을 도입하는 것, 300인 이상 DB형 기업들은 적립금운용위원회를 의무화하고, 30인 미만 기업들은 중소기업 퇴직연금기금을 도입하는 것이다. 2005년 퇴직연금이 도입된 이후 가장 큰 변화라고 할 수 있다.

필자가 속해 있는 AI 핀테크 기업 두물머리에서 퇴직연금 맞춤화 솔루션을 제공하는 사업을 시작했고, 필자가 그 사업(일명 OCIO[22] 사업)을 총괄하고 있다. 이런 사실을 차치하더라도 개개인의 상황을 전부 감안해 최적의 만족도를 달성할 수 있다는 것은 경제학에서 이야기하는 파레토 최적(Pareto optimum)을 달성하는 것이다. 즉 상위 소수만이 만족하는 것이 아니라 사회 전체적으로도 순기능이 크다는 것이다. 물론 현재 증권사 혹은 자산운용사 등에서 충분히 맞춤화 솔루션을 제공하고 나서도 수익이 남을 정도의 자산 규모를 가지고 있는 초고액 자산가(HNW, High Net Worth)와 연기금 등에 이러한 서비스가 제공된다. 다만 필자가 주목하는 것은 이러한 최고의 서비스를 받아보지 못하고 있는 하위 90%의 기업과 개인, 즉 사각지대에 있는 이들이다.

맞춤화 서비스의 비용 감축 기술

그렇다면 막대한 비용을 요하는 맞춤화 서비스를 어떻게 하위 90% 기업과 개인에게 제공할 것인가가 자연스럽게 따라오는 질문이다.

---

22 OCIO(Outsourced Chief Investment Officer)는 투자자들로부터 자산운용 업무를 위탁받아 운용하는 서비스로, 현재 연기금 위주의 시장이 형성되어 있다. 고용노동부의 산재보험기금과 고용보험기금, 국토교통부의 주택도시기금, 기획재정부의 연기금투자풀 등이 대표적이다.

필자가 속해 있는 두물머리가 고안해낸 방안은 IT 기술을 통해 자체적으로 만든 알고리즘(두물머리에서는 일명 패스파인더 엔진이라고 지칭)을 이용한 것이다. 그 결과 비용과 시간을 획기적으로 낮추었다. 증권사와 자산운용사에서 맞춤화 솔루션을 제공하기 위해 리서치센터를 꾸리고 각종 서비스 기능들을 합치고도 실제 맞춤화 솔루션을 제공하기까지 적어도 6주 정도의 시간이 걸리는 것이 현실이다. '패스파인더(path finder)' 엔진을 통해 필자는 이를 3일로 단축시켰고, 궁극적으로는 3시간으로 단축시키기 위해 자체 엔진 고도화를 이어가고 있다.

패스파인더는 해당 계좌의 위험관리 통제력과 재무목표 달성률을 높이기 위해 AI가 포트폴리오를 구성하고 만기까지의 최적 의사결정 과정을 연속적으로 거치며 자동으로 포트폴리오를 조정해주는 역할을 한다. 즉 패스파인더를 활용하면 같은 수준의 위험통제 상황에서, 더 나은 수익률을 달성할 확률을 높일 수 있을 뿐 아니라, 각 계좌의 재무목표에 맞는 요건들을 최대한의 확률로 충족시키는 설정이 가능하다.

패스파인더는 다양한 조건(투자 기간, 목표 수익률, 감내 가능한 손실 등 투자자의 요구사항)을 반영하고 목표 수익률에 달성할 수 있는 확률을 일일이 계산해 시점마다 목표를 달성할 가능성이 가장 높은 포트폴리오를 후보 중에서 선정해준다. 즉 그동안 해결하지 못한 초개인화 서비스가 패스파인더를 활용한다면 가능해질 수 있다.

퇴직연금 제도와 OCIO 서비스

미국은 401K[23] 펀드 가입으로 모든 퇴직금을 투자해 미국인들의 노후를 보장하는 제도가 마련되어 있다. 그러나 한국은 사정이 다르다. 우리 기업들은 직원의 퇴직금을 예금에 넣어 유치한다. 지난 10년 동안 평균 물가 상승률은 5% 수준이었지만, 퇴직금에 들어간 예금의 수익률은 2%에 머물러 상당한 갭이 있었다. 이 말은 돈을 예금에 넣었지만 물가 상승률을 밑도는 마이너스라는 의미다. 기업들은 직원이 퇴직할 때 평균 임금 수준으로 퇴직금을 돌려줘야 한다. 당연히 2% 수익이 났으니 마이너스가 되어 내줄 돈이 모자랄 수밖에 없다. 그래서 기업은 부족한 돈을 더 얹어 퇴직자에게 되돌려줘야 했다. 바로 이 때문에 기업의 재무제표에는 연금부채로 잡힌다. 문제의 사태를 파악한 정부는 2021년 기업들에 일임했던 퇴직금 관리를 외부기관에 맡겨 신탁함으로써 손해가 나지 않도록 유도했다. 그리고 법률이 통과되어 2022년 4월부터 시행될 예정이다. 일명 퇴직연금의 수익률 제고 개정법이다.

---

23 이 제도는 미국 근로자들의 대표적인 노후수단으로서, '미국식 확정기여형 연금제도'다. 미국 「근로자 퇴직소득보장법」 401조 K항에 실려 있어 401K라고 부른다.

DB형 퇴직연금: 확정급여형(회사가 책임을 짐)

DC형 퇴직연금: 확정기여형(근로자 본인이 책임을 짐)

현재 한국 퇴직금 시장의 60%가 DB형이다. 그런데 2022년 4월 법이 바뀌어 기업들이 퇴직금 자산운용지침(IPS)을 따르지 않으면 벌금이 부과된다. 이에 대해서는 갑론을박이 있다. 어떤 기업은 벌금을 감수하면서 IPS 도입에 보수적일 수도 있다. 그냥 벌금을 물고 말겠다는 생각일 것이다.

각설하고, 퇴직연금 시장의 외부위탁, 즉 OCIO 서비스 역시 일종의 차별화 맞춤 서비스의 한 가지 형태다. 기업의 니즈에 맞게 퇴직금을 관리해주기 때문이다. 기업 스스로 직원의 퇴직금을 관리하다 큰 손해를 본 만큼, 향후 기업들은 OCIO 서비스 가입이 크게 늘어날 것으로 보인다.

참고로, MZ세대가 중심이 된 사회에서는 고용이나 계약의 형태도 맞춤형으로 변하고 있다. 직장인들의 대명사로 사용하던 월급쟁이라는 말이 사라질 수도 있다. 기존처럼 월급이나 연봉 개념 대신 미국과 유럽에서 폭넓게 시행 중인 주급 형태의 고용이 더욱 확대될 것이다. 그리고 많은 기업이 좋은 인력을 확보하는 데 적잖이 어려움을 겪는 만큼 기업들은 좋은 인재를 얻기 위해 차별화 전략으로 나설 것이다. 예컨대 방금 소개한 기업들의 퇴직금에 IPS 도입도 인재를 모으는 유인 효과가 될 수 있다.

OCIO 시장의 현재와 미래

그렇다면 현재 OCIO 시장은 활성화되어 있을까? 금융업계에 따르면 국내 OCIO 시장 규모는 약 100조 원으로 추산된다. 그중 약 70%는 자산운용사가, 나머지 30%를 증권사가 차지하고 있다. 특히 삼성자산운용이 약 47%의 시장점유율로 선두를 달리고 있다. 그동안 OCIO 시장 규모가 크지 않아 일부 자산운용사들이 선점해왔기 때문이다. 하지만 2022년을 기점으로 OCIO 시장의 폭발적인 성장이 기대되며, '금융투자업계의 미래 먹거리'로 꼽히고 있다.

OCIO가 미래 먹거리로 꼽히는 첫 번째 이유는 개별 사업당 규모

●····· OCIO 이해도

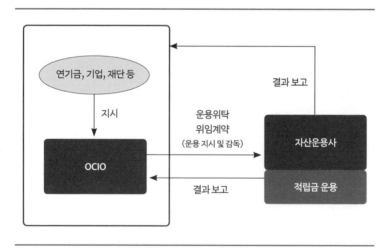

출처: SK증권

가 조 단위에 달하는 등 규모가 큰 점이 꼽힌다. 대표적으로 연기금 투자풀의 경우 운용 규모가 35조 원에 이른다. 특히 2022년 퇴직연금 제도 변화가 OCIO 시장 확대의 촉매제 역할을 할 것으로 전망된다. 금융업계에서는 제도 변화 등에 힘입어 퇴직연금의 운용에 OCIO가 진입하게 된다면 OCIO 시장 규모는 현재의 10배 수준인 1,000조 원 규모까지 불어날 것으로 기대한다. 노후자금으로 활용되는 퇴직연금은 장기로 꾸준한 적립이 되기 때문에 금융사에서는 '노다지'로 불린다.

가장 보수적인 성향의 운용자금 중 한 축으로 꼽히는 퇴직연금 시장에도 위탁운용 시대가 열릴 것으로 기대되는 등 OCIO 시장 확대가 예상되면서 금융투자업계도 준비에 나서는 중이다. 특히 이를 또

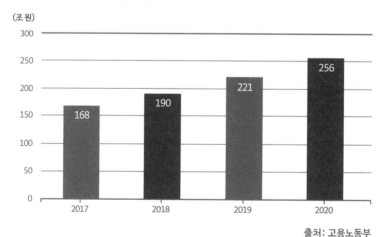

●····· 국내 퇴직연금 총 적립금 추이

출처: 고용노동부

하나의 미래 먹거리로 여긴 주요 증권사들의 선점 경쟁이 치열하다. 증권사들은 주요 기관 및 기업의 OCIO 선점 및 확대를 위해 인력을 별도 조직으로 개편했으며, 자산운용사와 투자자문사도 마찬가지로 적극적으로 뛰어들고 있다.

빅데이터 산업에
주목하라

초개인화의 실현은 개인의 니즈를 파악하는 일에서부터 시작된다. 개인을 파악하기 위해서는 정보, 데이터가 필요하다. 그것도 빅데이터. 우리가 용하다는 점집에 가서 길흉을 물을 때도 지극히 개인적인 정보인 사주를 알려주지 않던가! 점쟁이도 정보를 기초로 나도 모르는 나를 파악한다.

네이버와 카카오는 개개인의 정보를 데이터화해 서비스 플랫폼을 만들었고 이를 토대로 엄청난 수익을 거두는 중이다. 그리고 국내 시가총액 순위 10위 안에 드는 기업으로 성장했다. 100만 명 이상의 구독자를 보유한 유튜브 채널도 우리가 참고할 만한 좋은 사례다. 채널 운영자는 축적된 독자들의 데이터를 가지고 나이가 어느 정도 되는 남성 또는 여성 구독자가 언제, 몇 분의 영상을 시청했는지 파악할 수 있다.

작은 데이터가 모여 빅데이터가 되면, 돈이 되는 비즈니스에 활용할 수 있다. 폭발적인 수요의 멀티미디어 콘텐츠, 사물인터넷, SNS 활동에도 빅데이터가 사용된다. 그 밖에 빅데이터 산업이 앞으로 어떤 방향으로 발전하고 뻗어갈지 누구도 짐작할 수 없다. 그만큼 발전 가능성이 무궁무진하다는 이야기다.

물론 막대한 정보를 관리하고, 혹시라도 모를 유출 사고를 막아야 하는 보안 분야도 빅데이터와 동시에 성장할 분야가 될 것으로 보인다. 일각에서는 빅데이터 소유 여부가 권력 소유 여부와 같다고도 평가한다. 권력과 맞먹을 정도로 지금은 빅데이터가 중요한 시절이 되었다. 그동안 인류가 만들어온 경제사를 잠시 돌아보면, 가장 근본이 되는 무언가를 곁에 두고 있을 때 성공 가능성이 높았다는 점이 흥미롭다.

  – *산업혁명: 에너지 산업의 성공*

  – *20세기 후반~현재: 반도체 산업의 성공*

  – *미래: 빅데이터 산업의 시대*

Next generation, MZ세대 시대에는 빅데이터를 많이 보유한 기업과 관련 산업에 성장의 기회가 있을 것이 분명하다.

Next generation, MZ세대가 세상의 중심으로 떠올라 수많은 트렌드를 리드한다. 그들은 세계적으로 많은 인구로 구매력도 높아 앞으로 시장을 주도할 핵심 세대가 될 것이다.

MZ세대의 세 가지 특징은 ① 이상주의, ② 이타주의, ③ 초개인화다. MZ세대는 현실을 도피하는 대신 가상 현실에 투자하는 특성이 있다. 또한 이타적이기도 하다. 이러한 성향은 SNS에서 선플을 달거나 환경 문제에 높은 관심을 보이는 데서 특히 잘 드러난다. 마지막으로 자신에게 딱 맞는 맞춤 서비스를 선호하며, 제품이 마음에 든다고 해서 반드시 재구매하지는 않는 모습을 보인다.

MZ세대의 특징을 바탕으로 앞으로의 투자 방향을 고려해보면, 메타버스, NFT, ESG와 친환경, 빅데이터 분야에서 새로운 비즈니스 기회를 찾아볼 수 있다.

Z세대는 자신에게 딱 맞는 제품이 아니면 돈을 지불하지 않는다. 우리가 특히 주목해야 할 분야는 빅데이터 산업이다. 초개인화된 개인의 선호와 특징을 모두 파악해야 하기 때문이다. 빅데이터를 보유한 기업과 산업에 성장성이 있다.

이코노미스트가 예측하는
2022 MZ세대 동향

01.
광고시장 대세는 '메타버스 광고'가 될 것이다

MZ세대는 메타버스를 어떻게 어디까지 활용하게 될까?

MZ세대는 현실에 대한 불안함과 점점 심해지는 양극화를 타계하기 위해 앞으로 더 메타버스 투자에 관심을 쏟을 것으로 보인다. 메타버스 시장은 상상 이상으로 확대될 전망이다. 초기 단계에는 메타버스가 가상 세계로 대변되지만, 점차 현실의 연장선이 될 것이라고 생각한다. 그로 인해 우리가 사용하는 화폐, 자산에 대한 가치도 달라질 수 있다. 물론 이 과정에서 불안 요인도 있을 것이다. 메타버스 내에서도 양극화가 심해질 수도 있다. 하지만 좀 더 안정된 후에는 현실 세계가 가진 제약인 국가 간 경계, 언어 간 경계, 인종 간 경계 등을 뛰어넘을 수 있다는 장점이 발휘될 것으로 전망한다.

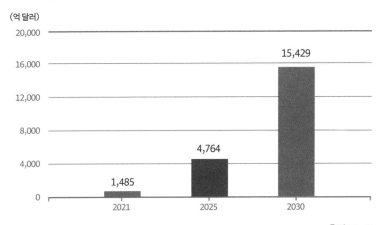

●····· 글로벌 메타버스 시장 규모 전망

(억 달러)

출처: PwC

기업들은 메타버스 내의 어떤 변화에 주목해야 할까?

메타버스 내 광고시장이 꽤 유망할 것으로 보인다. 현실 세계에서 광고의 타깃은 유한하지만, 메타버스 내에서는 그런 한계를 무너뜨릴 수 있다. 언어, 국가, 상품 간 경계가 사라질 테니까 말이다. 앞으로 점점 더 메타버스 내 광고시장의 규모도 커질 것이라 생각한다.

MZ세대의 메타버스 내 경제활동은 더욱 확대될까?

메타버스는 기회의 불평등같이 현실에 존재하는 제약이 사라진 세계다. 따라서 MZ세대 입장에서는 두 번째 라운드가 시작된 것과 같다. 그러나 한국은 메타버스 내 경제활동에 대한 규제가 아직 마련되지 못했다. 일례로 P2E(Play to Earn, 게임이나 메타버스 내에서의 플레이를 통해 돈을 버는 것)를 놓고 IT 기업과 당국이 계속 갈등 중이다. 국가에서는 P2E 요소가 '환전 가능한 자산을 제공'한다는 이유로 사행성을 부추기는 행위로 여긴다. 그러나 전 세계적으로 P2E를 합법화하는 추세다. 따라서 우리나라도 조금 늦어질 수는 있지만, 제도적으로 규제나 보완 장치를 마련할 것으로 생각한다. 그 이후 MZ세대의 메타버스 내 경제활동도 본격화될 것 같다.

02.
NFT가 MZ세대의 재테크 수단으로 자리 잡을 것이다

2022년에는 NFT 시장 규모가 얼마나 확장될까?

2019년부터 2021년 사이에 시장 규모가 5배 이상 커졌다. 물론 코로나라는 특수한 상황이 개입되긴 했지만, 현재 NFT 시장 규모는 270억 달러(약 30조 원) 정도로 추정한다. 지난 3년간 시장이 꽤 커졌다. 이런 성장세가 이어진다고 가정하면 약 10년 후에는 700조 원대 규모로 늘어날 것 같다. 게다가 많은 사람이 참여하기 원하는 시장이기에 수요·공급의 법칙에 비추어 보더라도 향후 NFT 시장은 규모가 더욱 커질 것으로 전망한다.

NFT는 MZ세대에게 어떤 영향을 미칠까?

MZ세대 재테크 방식이 NFT로 확장될 것이다. MZ세대는 주식, 채권, 부동산 등 전통자산에 투자하는 만큼 NFT 시장의 미술품, 음원 등에도 투자하고 있다. 이런 흐름이 향후 점점 더 확대될 것이다.

기업들도 NFT 시장에 적극적으로 뛰어들까?

NFT의 근간은 블록체인 기술이다. 이를 통해 하나의 소유권을 여러 개로 나눌 수 있다. 가령 내가 하나의 콘텐츠를 만들면 그 가치는 1개로 평가되지만, NFT 시장에서는 그 가치가 무한 증식할 수 있다. 그런 의미에서 기업들이 NFT 시장에 주목하고 뛰어들 것이다.

03.
빅데이터 비즈니스가 눈에 띄게 성장할 것이다

MZ세대를 타깃으로 빅데이터가 활용될 분야는 어디일까?

MZ세대는 입사하자마자 노후를 준비하는 세대다. 요즘 MZ세대 사이에서 재테크 열풍이 부는 것도 결국 은퇴 이후의 삶을 우려하기 때문이라고 본다. 아예 돈을 빨리 모아 은퇴하려는 '파이어족'도 늘고 있다. MZ세대는 다른 세대에 비해 경제관념이 투철하다고 생각한다. 최근 유튜버들의 콘텐츠만 봐도 부자 되기, 경제적 자유 얻기

등의 이야기들이 많다. 내가 몸담은 금융권의 시각으로 예측해보면, MZ세대의 이런 특성으로 인해 퇴직연금 시장이 각광받을 것이다.

2022년부터 퇴직연금 시장의 법령이 바뀌는데, 6~7월쯤 퇴직연금 '디폴트옵션' 제도가 시행된다. 가입자가 별도의 운용을 지시하지 않으면, 증권사나 은행이 미리 지정해둔 방식으로 퇴직연금을 굴리는 제도다. 이 퇴직연금 시장에도 초개인화 맞춤 서비스가 제공된다. 맞춤 상품을 원하는 MZ세대의 니즈를 반영한 것이라 하겠다.

과거엔 좋은 직장만 들어가면 노후 대비가 가능했지만 지금은 월급만으로는 노후를 설계하기 어렵다. 플러스 알파의 개념으로 재테크가 필수인 시대가 된 것이다. 앞으로 금융권뿐 아니라 부동산 분야에서도 빅데이터 비즈니스가 도입되어 초개인화 맞춤 서비스를 제공할 것이라고 전망한다.

04.
친환경 에너지 투자가 늘어날 것이다

기업들의 ESG 경영에 대한 인식이 바뀌고 있다

MZ세대와 관련해 빼놓을 수 없는 또 하나의 키워드가 ESG다. 2021년 말 대한상공회의소가 300개 기업을 대상으로 'ESG 확산과 정착을 위한 설문조사'를 실시했다. 응답 기업의 70%가 ESG가 중요하다고 답했다. 하지만 자사의 ESG 경영 수준이 높은지를 묻는 질문에 29%만이 '그렇다'라는 답을 내놓았다. '보통'이라는 답은 40.3%, '낮음'이라는 답은 30.7%였다. ESG 경영의 중요성은 인지하지만, 실제로 그렇게 경영하지 못하는 것이다.

그런데 이런 간격이 점차 좁혀질 것이라고 생각한다. 글로벌 자산운용사 레그메이슨과 하나금융투자가 내놓은 통계를 보면, ESG를 고려하는 Z세대와 밀레니얼 세대의 비중이 다른 세대보다 현저히 높았다. 이 말은 MZ세대 투자자들의 눈에 들려면 기업들이 ESG 경영을 실천해야 한다는 뜻이다.

ESG와 관련해 어떤 분야에 주목해야 할까?

명확한 건 친환경 산업(E)이다. 앞으로 환경을 저해하는 사업은 쇠락할 것이다. 그리고 구조적인 부분(G) 역시 비교적 뚜렷하다. 우리나라 대기업의 구조적 문제들, 이를테면 지분 상속 등 지배구조를 개선하는 일이니까. 문제는 사회적 책임(S)이다. 우리가 어떻게 정의할지 명확한 기준이 없다. 따라서 확실한 것부터 예측하자면, 친환경에너지원에 대한 투자가 늘어날 것이다. 전 세계적으로 화석연료와의 이별을 시도하고 있다. 그러려면 태양열 에너지와 같은 친환경 에너지에 관심이 몰릴 수밖에 없다. 친환경 원전, 소형 원전도 새로운 에너지원으로 주목하는 나라들도 있다. 결국 ESG 관련 채권이나 펀

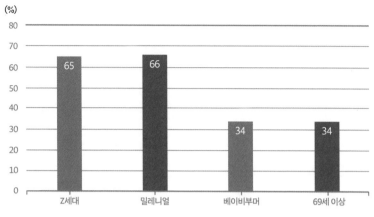

●····· ESG 투자 고려 비중

출처: 레그메이슨, 하나금융투자, 두물머리

드 등에 돈이 몰릴 것이다. ESG 투자를 고려하는 MZ세대가 많은 것
도 이 같은 이유 때문이다.

05.
리셀러 시장이 점차 확대될 것이다

충성도가 낮은 MZ세대들

MZ세대는 다른 세대에 비해 제품에 대한 충성도가 낮다. 특정 브
랜드를 사용하고 만족했더라도 다음에 같은 제품을 재구매하기보다
새 제품을 찾는다. 이런 MZ세대의 소비 성향에 비추어 봤을 때 앞으

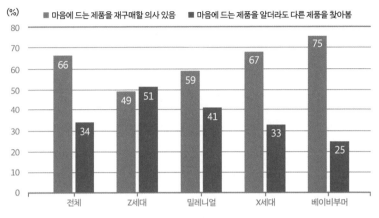

●⋯⋯ 세대별 제품에 대한 충성도

(%) ■ 마음에 드는 제품을 재구매할 의사 있음　■ 마음에 드는 제품을 알더라도 다른 제품을 찾아봄

출처: 두물머리 마케팅 차트

로는 한정판 시장이 점점 커질 것이다. 재구매 조건이 까다로운 MZ 세대가 희소한 물건을 찾게 될 테니 말이다.

MZ세대의 소비 패턴에 따라 '리셀러 시장'이 각광받을 것이다

제품 구매 조건이 까다로운 MZ세대는 같은 물건을 사기보다 계속 새로운 물건을 찾을 확률이 높다. 나만의 제품, 가치를 따진다. 리셀러 시장도 이런 의미에서 각광받을 것이다. MZ세대를 타깃으로 삼는 기업들은 더 이상 제품을 무한대로 만들지 않을 것이다. 많은 제품이 '완판'되었다는 것보다 '한정판'이라는 점이 MZ세대에게 훨씬 매력적이다. 명품 리셀 플랫폼이 많이 늘어난 것도 이런 이유에서다.

Next Stage _ Chapter 4

Next Asset,
대안자산이
부상한다

INTRO

네 번째 주제는 'next asset'이다. 우리가 투자하는 자산, 수익을 낼 수 있는 자산에도 변화가 왔다는 이야기를 하고 싶다. 코로나 시절을 겪으며 기존의 전통자산이라 불리는 주식, 부동산, 채권 등의 가격 상승 폭이 빠르게 확대되었다. 그런데 유동성이 축소되는 상황인지라 더 이상 상승 여력이 없어 보인다. 필자는 유동성 확대나 축소와 상관없이 전통자산을 대체할 수 있는 몇 가지 대안자산에 대해 이야기하고자 한다.

코로나 시절에도 가파르게 오른 주요 자산

훗날 역사가들은 우리가 지금 살고 있는 코로나 시대를 어떻게 기록할지 무척 궁금하다. 인류가 질병 앞에 무기력하게 굴복한 재앙 가운데 하나로 기록되겠지만, 경제학의 눈으로만 본다면 이 시절은 꼭 재앙만은 아니었다. 경제학적으로 코로나는 가장 짧았던 불황이다. 물론 처음엔 시장에 큰 충격을 안겨주었지만, 그 충격의 시간도 상당히 짧았다.

코로나 발발 후 1년 안에 백신과 치료제가 출시되었고, 2년 정도가 지나서는 리오프닝 이야기도 나돌았다. 과거 글로벌 시장에 충격을 준 서브프라임모기지 사태는 시장이 회복되기까지 약 7년이 걸렸는데 말이다. 그보다 더 오래전의 충격인 스페인독감 당시에는 거의

●····· **코로나 이후 주식, 채권금리, 부동산 가격 상승**

（2020.03=100）

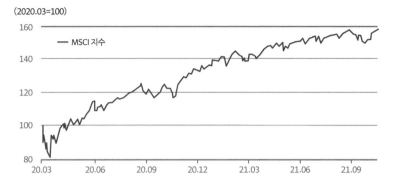

（2020.03=100）

（2020.01=100）

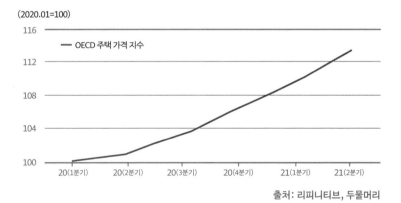

출처: 리피니티브, 두물머리

20년에 걸쳐 우리 사회를 짓눌렀다. 이와 비교하면 코로나는 굉장히 빠르게 극복하는 것이라 할 수 있다. 물론 경제 분야만을 생각하면 그렇다는 이야기다.

코로나 충격을 이겨냈다는 증거는 우리가 전통자산으로 부르는 주식, 채권, 부동산, 그리고 코인에 이르기까지 모두 가파른 상승 폭을 기록한 결과로 알 수 있다. 거의 모든 자산 가격이 코로나를 팬데믹으로 명명한 2020년 3월 11일 이후에도 엄청난 상승 폭을 보여주었다. 위기가 찾아왔는데도 불구하고 자산 가격이 올랐다는 것이 흥미로운 점이다.

자산 가격 상승의 배경

모든 자산의 가격이 오른 배경이 있다. 시장에 넘쳐난 유동성 덕분이다. 미국, 유럽을 비롯한 각 정부는 코로나로 위기에 노출된 사람들을 지원하기 유례없는 양적 완화 정책을 실시했다. 시장에 풀린 돈이 전통자산의 가격을 올리는 데 일조했다.

미국 주식을 예로 들면, 미국 기업들은 코로나 이전에도 돈을 벌어 잉여 자금이 많아지면 자사주를 사들였다. 즉 기업 오너와 주주들이 계속해서 자기 회사 주식을 샀다. 그리고 코로나가 터진 이후에는 정부가 재난지원금이라는 명목으로 많은 돈을 가계에 풀었다. 미 연준

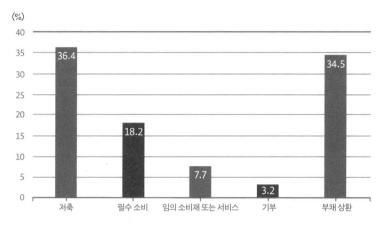

●····· 정부 이전소득을 받은 미국 가계의 지출 현황(주식 투자의 유인으로 작용)

출처: 인베스토피디아, 두물머리

의 조사에 따르면, 그렇게 정부로부터 돈을 받은 사람들이 부채를 조금 갚고 남은 돈은 저축이나 투자를 하는 데 쓴 것으로 나타났다. 돈의 투자처는 대부분 주식이었다. 기업이 사고 개인이 사니 미국의 주가가 오르는 건 당연한 일이다.

이런 상황은 한국도 마찬가지였다. 우리 정부도 몇 차례에 걸쳐 국민들에게 재난지원금을 제공했다. 물론 개인의 사정에 따라 온도 차가 있겠지만, 한국 역시 가계 자산 중 주식의 비중이 꽤나 높아졌다. 이제는 우리 귀에 너무나 익숙해진 '주린이' '동학개미' '서학개미' 등의 신조어가 만들어질 만큼 주식 열풍을 넘어선 주식 광풍의 모습이 코로나 시대에 함께 나타났다.

그렇다면 이런 분위기가 앞으로 계속 이어질 수 있을까? 아니면

동력이 떨어져 하락하게 될까? 적어도 이전과는 다른 향방을 보일 것 같다. 긴축 시대로 접어든 만큼, 이전과 같은 상승 여력이 더 이상 없기도 하거니와 이와는 별개로 투자하기에 더 매력적인 'next asset' 대안자산[24]의 시대가 왔기 때문이다. 지금은 새로운 자산에 거부감이 없는 시대이기도 하다.

전통자산이 코로나 이후 빨리 반등했지만 이제 반등의 동력이 크게 줄어들었다. 그래서 필자는 대표적인 대안자산인 비트코인을 비롯해 가상자산이 상당 부분 각광받는 시기가 되었다고 전망한다. 이 장에서는 주식, 채권, 부동산 등 전통자산의 한계가 무엇인지 짚어보고 그 대안으로 떠오른 새로운 자산에 대해 필자의 평소 생각을 솔직히 밝혀보고자 한다.

---

24 필자가 정의한 대안자산의 개념에 대해서는 Preview '06 새로운 투자 기회는 어디? 대안자산으로'를 참고하라.

전통자산의 대명사, 주식?

사람들은 대표적인 전통자산으로 주식을 손꼽는다. 앞서 밝혔다시피 코로나 이후 주식의 가격은 크게 올랐다. 기업과 개인이 매수 대열에 적극 동참했다. 시장엔 유동성이 풍부했고, 그런 유동성의 힘으로 주가가 가파르게 올랐던 건 어쩌면 당연한 일이다. 그러나 오르막이 있으면 당연히 내리막도 있는 법이다. 특히 2022년 초부터 주가 하락세가 심상치 않다. 주식시장에서 늘 경험했던 연초의 1월 효과는커녕 글로벌 인플레이션 압박이 이슈로 떠오르면서 주가가 연일 곤두박질치는 형국이다.

현재 미 연준에 의해 테이퍼링이 진행 중이고, 게다가 금리 인상도 기정사실화되면서 주가 하락을 경험하는 투자자들의 마음은 쓸쓸함을 넘어 무기력할 것만 같다. 테이퍼링이든 금리 인상이든 둘 다 유동성을 줄이겠다는 뜻으로 해석하면 된다.

이처럼 유동성 모멘텀이 떨어진 상황이라면 어디에 투자해야 좋을까? 필자는 철저히 미래 성장 가능성이 높은 산업에 베팅하는 전략을 취하는 것이 좋다고 생각한다.

또 본문에서 소개한 바처럼, 시장이 계속 상승할 거라고 기대하기보다 국가별, 성장 가능성이 높은 산업별 이벤트를 따라 투자하면 어떨까 싶다. 예를 들어 프랑스는 선거와 원전, 중국의 경우 자국 내수 시장 부양, 공동부유론 등의 콘셉트에 맞춰 기업을 골라 투자하는 것이다. 시장 전반적으로 볼 때 비록 현재는 시장이 조정을 받고 힘을 잃은 상황이지만, 어느 정도 바닥을 다진 이후에는 다시 주가가 회복될 것이다.

주가는 어느 정도 상승하기는 할 것 같다. 따라서 투자는 놓지 말고 해야 한다. 다만 주가 상승 속도는 지난 2년과 달리 완만한 모습을 보여줄 듯하다. 지금 시장에는 많은 투자자가 들어와 있다. 전해지는 이야기로는 주식계좌 수가 거의 1,000만 개에 이른다고 한다. 투자자들이 어떤 전략을 가지고 주식시장에 들어왔는지는 모르겠지만, 과한 욕심을 부리지 말고 기대치를 조금 낮출 필요가 있다고 생각한다.

빈센트의 주식 이야기

코로나 시절, 주식 투자 열풍이 한국을 강타했고 많은 사람이 주식에 큰 관심을 가졌다. 투자 전문가 입장에서는 이런 현상이 긍정적으로 보였다. 수많은 유튜브 채널에서는 나름 성공했다는 투자자들이 나와 주식 투자 성공 비결을 이야기한다. 그러나 누군가의 투자 전략이 나에게는 안 맞을 수도 있다. 주식 투자도 나에게 맞는 맞춤 전략으로 임해야 한다. 지금은 맞춤 전략의 시대다. 이를 투자 분야로 확장해 이야기하자면 모든 것을 데이터화하고 활용할 수 있는 기업 또는 플랫폼에 기회가 있을 것 같다. 필자는 데이터를 활용하는 빅데이터 산업에 주목한다.

현재 주식시장을 평가하자면 투자처로 별 재미가 없다. 그 이유는 주가가 오를 만한 긍정적인 요인들이 별로 안 보이기 때문이다. 특히 현재 주식시장은 상당 부분 불확실성이 높은 국면에 있다. 변동성도 커 보인다. 미국이 테이퍼링을 진행하고 이후 금리도 올린다면 달러 강세 국면이 된다. 이 경우 달러가 미국으로 흘러들어갈 것이다. 주식은 수급도 정말 중요한데, 달러가 미국으로 들어가면 개인들의 수급만 남는다. 그러나 좀 더 장기적인 전망을 해보자면, 2022년 연말 즈음에는 조심스럽지만, 주가지수 자체가 지금보다 높은 3,000p를 찍기는 할 것 같다. 2021년 연말 대비 지수의 앞자리가 바뀌는 것이다.

필자는 우리 증시를 바라보는 시각이 조금은 긍정적이다. 결국 글로벌 경쟁력을 갖춘 기업들이 우리 증시를 이끌어갈 것이라고 본다. 다만 2022년 상반기까지는 지수가 쉽게 오르지 못하는 고통의 시간이 될 가능성이 높다. 그 이유는 인플레이션 압력 때문이다. 2022년 상반기까지 우리 마음을 힘들게 만들 주인공은 인플레이션일 것이다. 전 세계에 유동성을 공급했던 미 연준은 인플레이션 문제로 고민이 많다. 따라서 앞으로 미 연준이 어떤 자세를 취할지가 변수다. 하지만 2022년 말에는 지금보다 높은 지수를 보게 될 것이다.

그리고 잠시 우리나라 주식 이야기를 좀 해볼까 한다. 해외 IB들 상당수가 '한국=삼성' '한국=반도체'라고 평가한다. 반도체는 한동안 사물인터넷, 5G와 함께 주식시장에서 큰 인기를 끌었다. 이 중 반도체는 앞으로도 트렌드의 중심이다. 산업이나 생활 면에서도 반도체에 대한 수요가 늘면 늘었지 줄 것 같진 않다. 그래서 21세기의 쌀이라는 별칭이 붙지 않았나. 삼성전자는 시가총액 1위, 국민주식이 될 수밖에 없다. 반도체는 데이터를 보고 투자하기 힘든 종목이다. 여타 주식들처럼 소문에 투자하고 뉴스에 파는 게 반도체일 수 있는데, 과거처럼 실적 등의 퍼포먼스보다 리스크를 생각하며 반도체를 보자는 역발상을 제안한다. 이 말은 수익이 덜 나더라도 확인된 데이터를 보고 들어가자는 말이다.

앞서 사물인터넷과 5G를 언급했지만, 트렌드가 변해감에 따라 이들 종목이 약간 올드한 패션처럼 느껴지기도 한다. 최근에는 자동차 배터리, 전기차, 2차전지 쪽으로 패션의 변화가 나타났다. 자동차도 패션이 빠르게 변하는 중인데, 최근 백미러가 없는 모델이 출시되어 관심을 끌기도 했다. 이미 차 안의 카메라를 통해 좌우를 살필 수 있으니 백미러가 무용지물인 것이다. 자동차 하나만 보더라도 백미러 기능을 담당하는 모듈이나 레이더 산업에 기회가 생기듯 많은 산업이 변함에 따라 기회는 늘 만들어지게 마련이다. 빅데이터, ESG, 친환경, 메타버스, NFT 등도 변화의 바람을 타고 있어 우리가 눈여겨봐야 할 테마라 할 수 있겠다.

새로운 트렌드 찾기

필자는 주식이 타이밍의 예술이라고 생각한다. 언제 사고 언제 팔지, 어떤 가격에 사고 어떤 가격에 팔지, 모든 게 타이밍이다. 그리고 되도록 가격이 쌀 때, 저점 부근에서 매수하는 것이 최고라고 본다. 싼 가격으로 매수하면 본전 이상을 얻기가 쉽다. 남들이 사지 않는다는 건 두렵기 때문이다. 그래서 필자는 저렴한 가격의 주식이 눈에 띄면 공포의 주체가 무엇일지 생각해본다. 진짜 공포인지 과장된 공포인지.

하나 더 첨언하자면, 유행은 늘 바뀌게 마련이다. 영원한 아이템은 없다. 최근에 핫한 분야로 떠오르는 소재는 메타버스, NFT다. 엔터테인먼트에서 NFT로 트렌드가 바뀌고 있다. 앞으로 세상을 변화시킬 트렌드(빅데이터, 메타버스, NFT, ESG, 친환경 등)에 기회가 있다. 필자가 본문 곳곳에 소개한 이벤트들을 주의 깊게 살핀다면 도움이 될 것으로 생각한다.

채권, 묻지마 투자
풍토가 끝났다

사실 개인은 채권 투자를 하기가 쉽지 않다. 채권 투자의 경우 워낙 액수가 크다 보니 대부분 중앙은행 그리고 기관들을 중심으로 매매가 이루어지는 게 일반적이다. 그런데 채권 역시 그동안은 호시절이었다. 채권이 좋았던 이유는 사주는 사람이 정해져 있었기 때문이다. 채권을 사는 주체는 전 세계 모든 중앙은행의 대장이라고 할 수 있는 미국 중앙은행, 즉 미 연준이었다. 미 연준은 대대적인 양적 완화 정책을 펼쳐가면서 엄청난 규모의 채권을 사들였다. 미 연준이 채권을 사들이면 채권의 금리가 하락하고, 반대급부로 가격이 오른다. 채권 수익률이 높은 이유다.

그런데 지금은 미 연준이 채권 매입의 규모 비중을 점점 줄이고

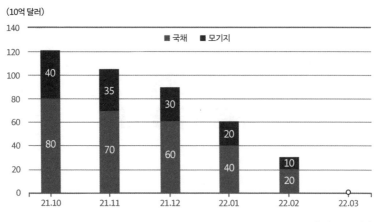

●····· 미 연준의 채권 매입 추이

(10억 달러)

■ 국채   ■ 모기지

출처: 두물머리

있다. 몇 차례 소개한 테이퍼링이다. 그림에서 보듯 미 연준은 최근
300억 달러 규모로 채권 매입 규모를 줄이고 있다. 이렇게 줄이다 보
면 2022년 3월에는 연준이 그간 늘려온 1,200억 달러의 규모가 줄어
든다. 제로가 된다는 이야기다.

채권의 경우 상승 모멘텀이 갑자기 꺾이지는 않을 것이다. 그 대신
에 점차 둔화되는 모습을 보일 것으로 전망한다. 이와 관련해 해외
IB들의 전망을 살펴보면, S&P 15~20% 내외일 것이라는 데 의견이
일치한다.

미 연준의 테이퍼링 규모는 월 300억 달러 수준이다. 미 재무부는
2021년 3분기보다 4분기의 국채 발행 규모를 축소했다. 공급 자체를
줄인 것이다. 따라서 기본적으로 국채는 과거처럼 수급 자체가 녹록

하지 않다. 수요와 공급만 놓고 보더라도 채권시장의 분위기가 좋지 않다는 것을 알 수 있다. 지난 10년 동안 반복되었던 이야기일 수도 있으나, 채권도 좋은 시절은 다 지나갔다는 의미다.

부동산 시장은
하향 안정화

전통자산의 마지막 테마인 부동산에 대해 살펴보도록 하자. 그동안 부동산 가격 상승을 이끌어온 것은 안정적인 금리였다. 금리가 안정적이라는 건 저금리였다는 이야기다. 부동산에서는 그 어떤 요인들보다 금리가 중요하다. 특히 금리의 경우 레벨보다 속도가 중요하다고 생각한다. 이전에는 저금리를 바탕으로 레버리지를 일으켜 부동산을 구입해 자산을 불릴 수 있었다. 그런데 금리가 오른다면 어떤 일이 벌어질까?

Chapter 1에서 밝혔듯 이제 저금리 시대가 끝나고 중금리 시대가 찾아왔다. 중금리를 넘어선 고금리 상황은 오지 않을 것이다. 그리고 오랜 저금리 상황에서 환경이 바뀌어 중금리가 되었지만, 부동산 시장이 갑자기 무너지지는 않을 것이다. 정리하면, 금리가 조금 높아져 소비자의 구매 심리가 위축될 가능성은 있지만, 중금리 수준이 부동산 시장을 전반적인 침체 상황으로 몰고 가지는 않을 거라고 예상해 본다. 이것이 핵심이다. 물론 비싸고 좋은 집에서 살기를 원하는 인간의 본성이 쉽게 바뀌지 않겠지만, 이런 수요가 부동산 가격을 좌지우지할 정도는 아닐 것이다.

참고로 박근혜 정부 당시 최경환 전 경제부총리는 초이노믹스 정책을 펼쳤다. 그때 대출금리가 5% 후반이었다. 사람들은 5% 금리 시절에도 집을 많이 샀다. 지금은 금리가 좀 오르더라도 대출금리가 3% 후반이다. 과거와 비교해도 아직 어느 정도 갭이 있다. 금리 레벨만 놓고 본다면, 개인적으로 부동산 시장의 가격 상승 여력이 더 있다고 본다.

한편 국내에서는 2022년 대선에서 민주당, 국민의힘 양 진영의 후보 모두 부동산 시장 안정화를 공약으로 내세운 바 있다. 여야를 떠나 누구든 공급을 늘려 집값 안정화를 도모하겠다는 것이 부동산 정책의 기조였다. 따라서 위 두 가지 상황(금리 인상, 주택 공급 정책)으로 인해 국내 부동산 시장의 방향은 하향 안정화된 모습을 보일 것으로 예측해볼 수 있다. 당초 집값의 꾸준한 우상향을 예측하던 부동산 전문가들도 최근에는 생각을 바꾸어 하향 안정화 쪽에 더욱 무게를 두는 모습이다.

- 금리 인상 이슈
- 공급 증가 정책
→ 부동산 가격 하향 안정화 유도

참고로 우리나라의 부동산 가격과 밀접한 관계가 있는 나라는 중국이다. 중국의 부동산은 2015년 4월 이후 가파르게 성장해오다가, 최근 실로 오랜만에 부동산 가격이 하락했다. 바로 이 부분에 힌트가 숨어 있다. 전 세계적으로 부동산으로 흘러 들어가는 자금이 줄어들 가능성이 있다고 생각한다.

전통자산인 주식, 채권, 부동산에 대해 간략히 살펴보았다. 이들 자산은 공통적으로 가격 오름세가 주춤한 상황이다. 좋은 시절이 끝났다고 봐야 할 것이다. 전통자산에 투자해 돈을 벌기가 점점 힘들어지는 형국이다. 따라서 투자자라면 좀 더 전략적인 대응이 필요하다. 필자는 전통자산을 대신할 만한 새 투자처 찾기에 관심이 많다.

금리 인상과 부동산 가격

한국은행은 2021년 하반기 두 차례의 금리 인상에 이어 2022년 1월에도 금리를 올림으로써 2022년 3월 현재 기준금리는 1.25%다. 0%대 기준금리 시절이 끝나고, 코로나 이전의 1%대 기준금리로 돌아갔다. 당초 전망보다 빠른 금리 인상이다.

그런데 이게 다가 아니다. 2022년 상반기 이후에 금리를 한두 번 더 올릴 가능성도 있다. 글로벌 경제 상황도 그렇고 당분간 금리 상승이 이어질 분위기인데, 인상 속도가 지금처럼 단계적이라면 부동산 가격 역시 조금 횡보하다가 천천히 우상향하는 모습을 보일 것 같다. 그렇다면 대한민국 전 지역 부동산이 다 오르진 않을 테고, 서울의 특정 지역을 중심으로 현 상태가 이어지다가 천천히 가격이 오를 거라고 예측해본다.

Next Asset, 대안자산

금 투자

이렇게 전통자산의 매력이 부쩍 떨어진 상황이라면, 대안할 만한 새 투자처는 어디일까? 아마도 많은 이들이 가장 먼저 '금'을 떠올릴 것 같다. 금은 안전자산으로 불리며 글로벌 경기가 힘들 때마다 가격이 오르는 양상을 보였다. 세계적인 투자자, 버크셔 해서웨이의 현인 워런 버핏(Warren Buffett)은 금에 대해 회의적인 시각을 가진 인물로 알려져 있었지만, 몇 년 전 금을 채굴하는 금광에 거액의 돈을 투자한 것으로 알려지기도 했다.[25]

전통적으로 사람들은 금이 인플레이션을 헤지(hedge)하는 데 효과

금과 가상화폐

적이라고 생각해왔다. 여기에 동의하지 않는 사람도 물론 있는 것 같다. 금이 대표적인 안전자산이라지만 왠지 이 장의 제목과는 어울리지 않는다. 그리고 금을 대안자산이라고 말한다면 너무 유행에 뒤처진 이야기가 될 것이다. 그렇다면 대안이 무엇일까?

대안자산이 될 가상화폐, 가상자산

전통자산을 뛰어넘어 대체할 수 있는 자산, 그리고 '대체'라는 표현보다 더 강력한 대안이 될 자산으로 필자는 가상화폐를 꼽는 편이다.

---

25 투자의 대가 워런 버핏은 공공연히 금 투자가 비생산적이라고 밝히기도 했다. 하지만 그가 세계 2~3위권의 금광회사(배릭골드)의 지분을 7,500억 원어치 사들인 것은 금값 상승에 베팅한 것이라고 볼 수 있다. 워런 버핏의 금 투자 이야기는 2020년 8월 19일 <파이낸스투데이>에 실린 기사 "워런버핏의 금투자 방법은? '금광산 회사 주식 매입'"을 참고하라.

언제부턴가 필자는 주식보다 코인시장을 더 유심히 지켜본다. 여기서는 비트코인의 이해를 돕는 기초 지식 설명을 생략한다. 다만 필자가 중요하게 생각하는 메시지는 향후 '대체'에서 '대안'으로 가는 연결고리가 가상화폐라고 생각한다.

전통자산의 기능을 수행해온 주식의 경우 최근 주춤한 모습을 보이고 있다. 그리고 이런 부침은 과거에도 앞으로도 늘 벌어질 수 있는 일이다. 코로나 발생 이후 1년간 주가 상승의 붐을 타고 많은 개미와 주린이가 주식에 돈을 묻었지만 과연 자산을 늘리는 데 주식이 가장 현명한 선택이었을까?

물론 투자자마다 생각이 다르겠지만 필자는 가상화폐가 대체 기능을 뛰어넘어 대안자산으로 자리를 잡아갈 것이라고 본다. 아마 많은 사람이 필자와 같은 생각일 것이다. 이 말은 최근 비트코인에 대한 관심이 상당 부분 커졌다는 것과 같다. 이는 시대적인 흐름이자 새로운 변화다. 특히 세상의 중심인 MZ세대가 주목하는 자산이 가상화폐, 가상자산이다. 이들은 가상자산에 매우 익숙하고 거부감도 없다.

비트코인은 헤지자산으로서의 니즈가 계속 유효할 것이라고 전망한다. 물론 2022년 초처럼 가격이 엄청나게 떨어지기도 하고, 더 내려갈 수도 있다. 가격은 변동성이 있게 마련이고 현재 같은 하락장도 충분히 예상 범위 안에 있다고 본다. 코인 가격에 대한 전망에 대해 전문가들이 한발 빼는 모습을 보이는 이유는 내재가치의 산정이 어려워서, 즉 밸류에이션이 안 되기 때문이다. 다만 향후 추세가 어떻게 변화할지에 대해서는 대부분 오를 가능성이 높다고 말한다.

참고로 주식의 경우 어느 회사의 주식 1주를 사려면 해당 주식 가격을 모두 지불해야 소유가 가능하다. 이와 비교할 때 가상화폐는 소수점 거래가 가능하다는 점도 중요한 변화 중 하나이며, 가상화폐의 매력이라고 생각한다. 수천만 원이 넘는 비트코인 1개를 온전히 사야만 소유하는 것이 아니라 자신이 가진 돈만큼, 즉 100만 원이든 10만 원이든 코인을 살 수 있다는 점이 MZ세대가 가상화폐에 열광하는 요인 중 하나다. 이런 흐름이 최근 주식 거래에도 반영되어 이제 미국에서는 소수점 주식 거래가 가능해졌다. 한국 역시 관련법이 통과되어 머지않아 우리가 주식을 매매할 때 기존처럼 주당 매매가 아니라 사고 싶은 가격만큼 주식을 쪼개어 매매하는 시대가 올 것이다.

메타버스(가상 세계)에서 이루어지는 일들

 - *메타버스에서는 하나의 물건을 여럿이 쪼개어 소유할 수 있다.*
 - *소유하는 데 드는 돈을 코인 등 가상화폐로 지불한다.*

비트코인이 시대적 흐름이라고 보는 이유를 경제학적으로 설명하자면, 2021년 말부터 전 세계는 인플레이션 압력의 국면에 들어서 있다. 즉 물가가 높다. 미국 물가는 무려 7% 수준까지 치솟아 지난 40년내 최고의 상승률을 보여주기도 했다. 이렇듯 물가가 높아지면 돈의 가치가 하락하는데, 돈의 가치가 더 떨어지기 전 어딘가에 투자해야 하는 스트레스가 생긴다. 그렇다면 어디에 투자해야 현명할까? 흔히 사람들은 실물자산에 투자하고 싶을 테지만 실물자산은 실물경기와 연동, 즉 커플링(coupling) 관계에 있다. 앞에서 설명했듯이 2022년 글로벌 전망은 성장은 하되 그 속도가 둔화될 것이다. 이런 상황이라면 실물자산에 투자하기가 망설여진다.

그렇다면 현명한 대안은 인플레이션을 헤지 가능한 자산에 투자하는 것이다. 조금 전 소개한 금이 그렇고, 가상화폐도 그 대안이다. 최근 들어서는 금보다 비트코인이 인플레이션 헤지자산으로 각광받고 있다. 인플레이션 압력 국면이 이어질 거라는 전망이 공통적인 의견이라 그 연장선상에서 보자면 비트코인이 헤지자산, 대안자산 역할을 해줄 수 있을 것이라 생각한다.

특히 MZ세대는 가상화폐 투자에 큰 관심을 보인다. 최근 주변에서 누군가 코인에 투자해 한순간 벼락부자가 되었고, 인생이 바뀌었다는 이야기를 심심찮게 듣기도 한다. 이는 가상화폐가 새로운 자산으로 떠올랐고, 생각보다 많은 사람이 가상화폐에 투자한다는 방증이며, 이 같은 흐름은 결국 MZ세대의 니즈와도 연결되어 있다. 전통자산에 대한 유인이 소멸되는 시점에 전통자산의 빈자리를 코인이 채워가고 있는 것이다. 금처럼 인플레이션 헤지자산으로 코인도 상당 부분 각광받을 것이다. 특히 코인은 디지털적인 요소를 갖추고 있어서 금보다 더 매력적인 대안자산이 될 수 있다.

비트코인 과도기인가?

비트코인 상황이 녹록지 않다. 그렇지만 현재 상황도 통과의례이자 진통이라고 생각한다. 비트코인은 몇 년 전보다도 몇 단계 레벨 업이 되었다. 비트코인 ETF도 생겼고, 엘살바도르와 에콰도르에서는 비트코인이 법정 통화가 되기도 했다. 최근엔 미국의 뉴욕 시장이 자신의 3개월치 월급을 비트코인으로 받기로 했다는 기사도 이슈가 되었다. 점차 가상화폐가 수면 위로 올라오는 것이다. 아직 많은 나라에서 비트코인을 비롯한 가상화폐가 법정 화폐 역할을 하지는 못하지만, 나름 교환의 매개 수단으로 자리를 잡아가고 있는 실정이다. 가상화폐에 대한 사람들의 믿음이 마련되었다는 이야기다.

그렇지만 아직 갈 길이 멀다. 좀 더 완벽하게 자리매김을 하기까지 진통이 더 있을 것이다. 그래서 비트코인은 긴 시계를 가지고 바라봐야 한다. 필자는 전통적인 인플레이션 헤지자산으로 여겨지던 금의 지위도 비트코인이 조금씩 대체해갈 것이라고 생각한다. 물론 금을 완전히 대체하기는 힘들겠지만 말이다.

따라서 향후 비트코인의 상승세가 상당히 길게 이어질 수 있다고 본다. 혹자는 어느 날 갑자기 50%, 100% 오를 확률에 매료되어 코인시장에 들어오기도 했을 테지만, 필자의 말은 그렇게 하라는 뜻이 아니다. 물론

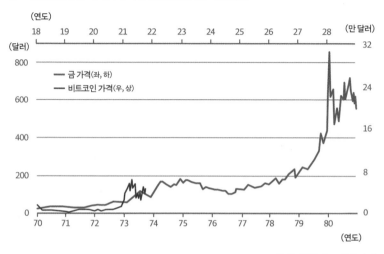

●····· 1970년대 금 가격과 유사한 흐름을 보이는 비트코인

(연도)

18 19 20 21 22 23 24 25 26 27 28 (만 달러)

(달러)   32

800

├── 금 가격(좌, 하)   24

├── 비트코인 가격(우, 상)

600

16

400

8

200

0   0

70 71 72 73 74 75 76 77 78 79 80

(연도)

출처: 블룸버그, 두물머리

아직 비트코인은 변동성이 크다. 일례로 2022년 초 미 연준의 매파적 정책 기류에 따라 금리 인상이 가시화되는 등 양적 긴축이 현실화되자, 불과 2개월 사이 코인 가격이 절반 가까이 폭락하기도 했다.

그러나 이런 변동성조차 필자는 긍정적으로 바라보려고 하는 사람 중 하나다. 그 이유는 비트코인이 그간 오랜 시간 인플레이션 헤지자산의 대명사인 금의 추이와 유사한 움직임을 보여주었다는 것을 근거로 삼고 싶다. 그림을 통해 우리는 그간 인정받지 못한 비트코인의 미래를 짐작할 수 있다. 금 가격이 과거에 보여준 모습과 2018년 이후 비트코인의 움직임은 꽤 유사하다. 따라서 지난 금 가격의 추이를 보며 향후 비트코인의 모습을 유추할 수 있다.

그리고 하나 더 중요한 점은 해당 시대의 주류, 즉 요즘 같으면 MZ세대가 어떤 재료에 관심이 높은지 알아야 한다는 것이다. 비트코인을 비롯한 메타버스, NFT 등은 MZ세대가 관심도 많고 지지하는 자산이다. 현시대의 주류인 MZ세대가 가상화폐 사용이나 거래에 익숙하다는 것이 중요한 포인트라고 생각한다.

투자자산에도 엄청난 변화의 흐름이 감지된다. 코로나를 겪으며 전통자산에 속하는 주식, 채권, 부동산 가격이 크게 상승했지만, 조금씩 조정을 받는 모습이다.

인플레이션 이슈로 2022년에는 지난 몇 년간 상승했던 자산들의 가치가 횡보 또는 하락할 수도 있다. 물론 오르더라도 과거처럼 큰 폭의 상승을 기대하기는 어렵다.

전통자산을 대체할 대안자산으로 가상화폐에 주목하고 싶다. 특히 MZ세대는 가상화폐의 열렬한 지지자이기도 하다. 아직 변동성이 크고, 완벽한 모습의 자산으로 자리를 잡은 건 아니지만, 가상화폐는 새로운 대안자산의 주요 테마임이 분명하다. 큰 기회의 공간이 될 수 있다. 금과 함께 인플레이션 헤지자산으로 떠오른 가상화폐, 비트코인에 주목하자.

Next Stage _ Chapter 5

Next Risk,
전쟁 그리고
양극화

INTRO

마지막으로 'next risk'에서는 필자가 생각하는 위험 요소 두 가지를 소개한다. 하나는 전쟁 이슈이고 다른 하나는 코로나 이후 격차가 더 크게 벌어진 양극화 문제다. 미국의 전략자산으로 떠오른 반도체, 대만과 중국 간 다툼, 러시아와 우크라이나 간 전쟁 등을 소개한다. 특히 미국의 전략자산으로 자리매김한 반도체는 세계 곳곳에 예측할 수 없는 불안 요소를 제공한다. 우리가 만반의 준비를 해야 하는 리스크라고 할 수 있겠다.

석유에 얽힌 몇 가지 이야기

제2차 세계대전 후 유럽에서 미국으로 주도권이 넘어갔다. 미국은 소련과 반세기 동안 샅바 싸움을 벌였고 결국 미국이 승리하는 역사가 만들어졌다. 그런데 세계의 평화와 질서를 다잡겠다는 미국이 가장 중요하게 생각한 에너지원이 있다. 바로 석유다.

미국은 글로벌 헤게모니를 손아귀에 넣은 이후, 자국의 전략자산으로 안보와 밀접한 관련이 있는 석유 확보에 열을 올렸다. 20세기의 역사는 어쩌면 석유 확보를 위한 다툼의 기록이라 해도 과언이 아니다. 그만큼 석유는 산업화 이후 인류에게 없어선 안 될 안보 전략자산이 되어왔다. 물론 오늘날에도 석유는 대다수 국가에서 전략자산 역할을 한다.

미국의 석유 쟁탈전

미국은 1900년대까지만 해도 세계에서 가장 많은 석유를 생산하는 국가였고 자체 생산한 석유로도 그럭저럭 버틸 수 있었다. 그러나 제2차 세계대전 직후 자동차 산업 붐이 일면서 기존보다 더 많은 석유가 필요했다. 자체 생산만으로는 감당할 수 없었다. 이에 미국은 세계 최대 석유 매장 지역인 중동으로 눈을 돌렸다. 미국은 중동에서 안정적으로, 게다가 저렴한 값으로 석유를 공급받고자 중동 지역에서의 정치적·경제적 영향력을 확고히 하는 데 모든 걸 쏟아부었다. 그렇게 아낌없이 투자하면서 여러 석유 회사들과 M&A를 했다.

미국은 친(親)사우디, 친이스라엘 정책을 내세워 중동 지역에 군사적·외교적 지원을 아끼지 않았는데, 그 근저에는 석유가 있다. 이게 과연 어떤 의미가 있을까? 미국은 자국의 안보 전략자산이라고 여기면 지역을 불문하고 해당 지역에 돈을 쓰고 전쟁도 했다. 아무튼 석유가 19세기 말부터 21세기 초까지 세계 경제 흐름을 좌우하는 전략자산이라는 사실을 부인할 사람은 없다. 물론 이 기간 동안 미국과 소련, 그리고 중국도 전략자산 쟁탈을 위한 경쟁을 벌여왔다.[26] 이것

---

26 9·11 테러의 배후 빈 라덴은 국적이 사우디아라비아였다. 이에 미국은 전통적인 우방이라고 생각한 사우디아라비아와 갈등을 빚었다. 그리고 미국과 사우디아라비아 간 갈등을 지켜보던 중국이 때를 놓치지 않고 사우디아라비아와 친밀한 관계를 맺고자 노력했다. 또한 중국은 '21세기 실크로드'를 외치며 사우디아라비아와 밀접한 관계를 맺는 데 힘을 기울였다.

이 지난 1세기 동안의 세계사다.

흥미로운 점이 있다. 미국은 이란, 이라크, 사우디아라비아 등 중동의 주요 산유국들과 그때그때 상황에 따라 친밀한 우방이 되었다가 때로는 등을 돌려 적대적인 관계를 맺기도 했다. 그야말로 "영원한 적도 영원한 우방도 없다"는 이야기가 어울릴 듯했다. 하나의 사례만 살펴보자면, 2003년 이라크 전쟁도 독재자 후세인 정권을 몰아내겠다는 미국의 명분 이면에는 석유를 확보하기 위한 속내가 깔려 있었다. 누가 뭐래도 미국은 지난 50~60년 동안 중동에서 헤게모니를 잡기 위해 전략적으로 행동했다. 당연히 세계에서 가장 많은 석유를 사용하는 국가였으니 그럴 수밖에 없었다.

한편 중동 국가들은 미국의 석유 확보가 자신들에게 득이 되지 않는다고 판단했다. 아무리 석유를 많이 생산해 수출해도 석유 독점권을 가진 미국 메이저 석유 회사의 수중에서 놀아날 수밖에 없는 신세였다. 당연히 반발이 커졌다. 가령 10달러 치의 석유를 시추해 팔더라도 수중에는 절반에도 못 미치는 수익이 돌아왔으니 말이다. 중동은 스스로 고생해 추출한 석유가 미국에만 이득이 되는 구조를 타파하기 위해 자신들만의 카르텔(경쟁 완화를 위해 서로 협정을 맺는 독점 형태)을 갖추기 시작했다. 그리고 두 차례에 걸친 **석유파동(오일쇼크)**이 벌어졌다.

중동의 반발로 뒤통수를 맞았다고

1973년, 1978년 두 차례 벌어진 사상 초유의 석유 부족 사태. 부족한 석유로 인해 글로벌 경제가 큰 고통을 겪었다. 참고로 1차 석유파동은 4차 중동전쟁 이후, 2차 석유파동은 이란혁명 이후에 일어났다.

생각한 미국은 또다시 오일쇼크를 겪지 않기 위한 작업에 들어갔다. 그리고 미국의 안보정책에 큰 변화가 생겼다. 즉 중동 지역의 석유를 안정적으로 공급받기 위해 보다 빠르고 신속하게 미국이 개입할 수 있도록 조치한 것이다. 다소 장황하게 소개한 일련의 과정은 미국이 안보 전략자산으로 석유를 선택했기 때문에 벌어진 일들이다.

중동 국가들의 탈석유화

한 가지 더 흥미로운 이야기가 있다. 그렇다면 지금까지 석유를 생산해 이를 전 세계에 공급하던 중동 국가들은 거부할 수 없는 에너지 수요 변화에 어떤 자세를 취하고 있을까?

먼저 아랍에미리트(UAE)는 2017년 산유국 중 최초로 통합 에너지 전략을 수립하고, 2050년까지 클린 에너지 비율을 50%로 확대하겠다는 목표를 갖고 있다. 그리고 대표적인 산유국 사우디아라비아는 '사우디 비전 2030'이라는 경제개발 계획을 수립해(국가 재생에너지 프로그램), 2030년까지 신재생에너지 58.7GW를 확보하고, 48개 에너지단지를 개발하겠다고 밝혔다. 그 밖에 다른 산유국들도 이와 비슷한 친환경 에너지 개발 및 확보에 박차를 가하는 중이다. 이른바 중동 국가들의 탈석유화 움직임이라고 볼 수 있다. 불모지라고 생각한 뜨거운 사막에 태양열 발전 인프라를 구축함으로써 신재생에너지를

국가	경제개발 계획	에너지 분야 관련 이슈
아랍 에미리트	UAE 에너지 전략 2050	- 2017년 최초로 통합 에너지 전략 수립 - 2050년 클린 에너지 비중을 50%로 확대
사우디 아라비아	사우디 비전 2030	- NPT 2020을 통해 국가 재생에너지 프로그램(NREP) 수립 - 2030년까지 신재생에너지 58.7GW 확보 및 48개 에너지 단지 개발계획
카타르	카타르 국가 비전 2030	- LNG 증산 계획(2020년 7,700만 톤→2027년 1억 2,600만 톤) - 2030년까지 총 전력수요의 20%를 신재생에너지로 대체
오만	오만 비전 2040	- 2025년까지 총 전력생산 중 신재생에너지 비율 16% 생산 목표

출처: 코트라, 두물머리

생산하겠다는 것이다.

또한 이들 국가는 과거 석유를 팔아 벌어들인 돈으로 세계적으로 유명한 노르웨이 국부펀드에 투자를 하는 모습도 보여준다. 탈석유화 정책과 금융 투자 정책을 동시에 진행 중이다.

이와 같은 중동 산유국들의 정책 변화에서 100년 넘게 흔들림 없이 유지되어오던 절대적 석유 의존도가 점점 더 낮아진다는 사실을 알 수 있다. 이제 정말 석유의 시대가 저물고 있는 것이다.

석유 없는 삶이 가능할까?

석유가 없는 삶은 상상하기 힘들다. 그저 단순히 자동차나 기계를 돌리는 데 필수적인 에너지원 역할을 할 뿐만 아니라, 실생활 거의 모든 분야에서 석유가 다양하게 활용된다. 페인트, 화장품, 나일론으로 만든 의류에서부터 수많은 종류의 플라스틱까지, 그리고 지금 여러분이 읽고 있는 책의 글자도 석유로 만들어진 것이다. 잉크로 인쇄를 하니까 말이다.

현대사회에서 석유는 곧 생존과 같다. 우리가 과연 석유 없는 삶을 살수 있을까? 이와 비슷한 주제의 다른 이야기와 비교하자면 '중국산 없이 살아보기'라는 콘셉트일 것이다. 전 세계가 중국산 제품을 사용함으로써 어느 순간 더 이상 물건을 만들지 않아도 되는 상황에 이르자, 놀랍게도 사람들은 단 하루도 중국산 없이 살 수 없는 세상이 되었음을 깨달았다. 놀라움과 동시에 공포심이 들 만하다.

이와 마찬가지로 오늘날에는 석유가 우리의 일상 곳곳에 파고들어 석유 없이는 단 하루도 생활하기 힘든 삶을 살고 있다. 물론 용기를 내어 석유 없는 삶을 살아보겠다고 결심했다면, 필자가 장담하건대 일상에서 느끼는 불편함에 못 이겨 며칠 만에 포기하고 말 것이다. 인류의 삶이 점점 현대화되어갈수록 인류는 점점 더 석유에 의존할 수밖에 없다. 따라서 석유는 현대사회에서 국가 간 다툼의 원인을 제공하는 판도라의 상자 역할을 했다고 볼 수 있다.

미국의 새 전략자산, 반도체

과거 미국의 전략자산이 석유였다면 최근에는 행보가 바뀌어 새 전략자산으로 반도체가 떠오르고 있다. 이제는 반도체 전쟁이다. 미국은 주요 석유 생산지 중동을 50~60년간 중요시했다. 그랬던 미국이 최근 아프가니스탄에서 발을 빼며 중동 지역에서 완전히 철수했다. 2001년 9·11 테러의 배후 탈레반을 소탕하기 위해 시작된 아프가니스탄 전쟁은 탈레반 측의 승리로 끝난 듯 보이지만, 실상은 미국의 안보 전략자산이 석유에서 반도체로 바뀌어가는 와중에 더 이상 미국이 중동에 미련이 없음을 보여주는 의미심장한 사건이다.

물론 아직도 석유가 미국 경제에서 차지하는 비중이 높고, 여전히 미국은 엄청난 석유를 소비하는 국가이지만 필자가 볼 때는 미국이 반도체로 대변되는 미래를 선택했다고 생각한다. 이는 정말로 엄청난 변화라고 하겠다. 돈 그레이브스 미 상무부 부장관은 미국의 안보 전략자산이었던 석유 대신 반도체에 관심이 있음을 공식적인 자리에서 천명했다.

"미국의 안보 전략자산은 석유가 아닌 반도체다."

미 정부 관료의 공식적인 브리핑에서 알 수 있듯 미국은 입장을 완전히 바꾸었다. 그런데 미국의 이런 태도 변화를 보며 과거 그들이 석유 확보를 위해 중동에서 벌였던 정치적·군사적 행동이 자연스럽게 머릿속을 스쳐간다.

현재 세계적인 반도체 생산 국가는 한국과 대만 아니던가![27] 수십 년간 미국이 석유를 얻고자 엄청난 노력을 기울였던 것처럼, 우리나라와 대만에 미국의 영향력이 지금보다 더 확대될 것이 분명하다. 아마도 미국은 미래의 안보 전략자산 반도체를 확보하고자 중국, 러시아와 가까운 동아시아에서 일명 반도체 헤게모니를 잡고자 심혈을 기울일 것이다.

---

27 한국과 대만은 전 세계 반도체 생산량의 거의 절반을 맡고 있다. '반도체 OPEC'이라는 별칭이 붙을 만큼 캐파가 크다. OPEC은 석유가 대세였던 시절, 세계 5대 원유 생산국(사우디아라비아, 이란, 이라크, 쿠웨이트, 베네수엘라)이 모여 서방의 거대 석유자본에 맞서 결성한 조직에 빗댈 만한 영향력을 갖고 있다.

미국의 반도체 확보 전략

필자는 미국이 반도체 확보 전략을 투 트랙으로 펼쳐갈 것이라고 본다. 첫째는 반도체 벨트를 형성 중인 한국과 대만에서의 영향력 확대를 도모할 것이란 점이다. 둘째로 미국 내에 반도체 파운드리 인프라 구축에 많은 투자를 할 것이다. Chapter 2에서 차이메리카 분열에 관해 소개했듯이 미국은 소비국에서 벗어나 투자국으로 탈바꿈할 텐데, 바로 그 주제와 밀접한 관련이 있다.

– 과거 석유를 확보하고자 펼친 미국의 투 트랙
① 자국의 셰일오일로 충당
② 중동 지역에서의 영향력 강화

– 현재 반도체를 확보하고자 펼칠 미국의 투 트랙
① 자국 내 반도체 파운드리 인프라 구축
② 한국, 대만 지역 안정적 관리

사실 미국은 반도체 시조국이다. 잘 알려진 바와 같이 1980년대 중반까지만 해도 미국 인텔은 세계 최초로 반도체를 만들었다. 하지만 1990년대 들어 인텔은 더 이상 반도체를 생산하지 않았다. 그 대신 한국과 대만으로부터 반도체를 공급받는 것이 비용 면에서 훨씬 더

●····· 국가별 반도체 산업 밸류체인 비중

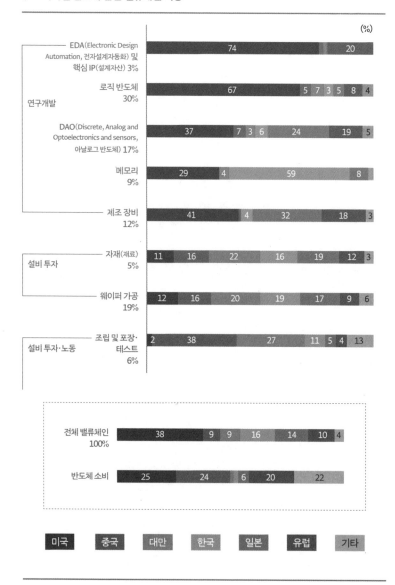

(%)

	미국	중국	대만	한국	일본	유럽	기타
연구개발 EDA(Electronic Design Automation, 전자설계자동화) 및 핵심 IP(설계자산) 3%	74					20	
로직 반도체 30%	67	5	7	3	5	8	4
DAO(Discrete, Analog and Optoelectronics and sensors, 아날로그 반도체) 17%	37	7	3	6	24	19	5
메모리 9%	29	4		59			8
제조 장비 12%	41	4		32	18	3	
설비 투자 자재(재료) 5%	11	16	22	16	19	12	3
웨이퍼 가공 19%	12	16	20	19	17	9	6
설비 투자·노동 조립 및 포장·테스트 6%	2	38		27	11	5	4	13

	미국	중국	대만	한국	일본	유럽	기타
전체 밸류체인 100%	38	9	9	16	14	10	4
반도체 소비	25	24	6	20	22		

■ 미국   ■ 중국   ■ 대만   ■ 한국   ■ 일본   ■ 유럽   ■ 기타

출처: 미국반도체산업협회, 두물머리

이득이라고 판단했다. 인텔은 반도체 생산에 필요한 여덟 공정의 디자인만 관여하고 생산은 해외 시장으로 넘겼다.

그런 결정이 초반에는 수익률 면에서 훨씬 이득이 될 것으로 여겼지만, 세상은 점점 더 반도체가 지배하는 시절로 바뀌었다. 이에 따라 미국이 전략을 바꾸었다. 반도체 밸류체인, 파운드리를 자국 내에 확보함으로써 해외에서 조달받는 반도체 수급 상황에 변화를 주기 시작한 것이다. 원고를 정리하던 중 필자의 생각을 확인시켜줄 관련 기사가 실렸다. 그 내용을 소개한다.

"인텔 '삼성 잡아라… 119조 세계 최대 반도체공장 건설'"

인텔이 22일(현지 시각) 미 백악관에서 오하이오주 콜럼버스시 외곽 리킹카운티에 200억 달러(약 23조 8,500억 원)를 들여 2개의 첨단 반도체 공장(팹)을 짓겠다고 밝혔다. 404만㎡ 부지에 들어설 이 공장에서 인텔은 자사 첨단 신제품 칩을 생산하고, 미세공정을 적용한 파운드리(반도체 위탁 생산) 사업을 진행한다는 방침이다.

이 부지는 총 8개 반도체 공장을 지을 수 있는 규모인데, 인텔은 향후 10년간 1,000억 달러(약 119조 원)를 들여 최대 규모로 확장하는 것을 계획 중이다. 이 계획이 실현될 경우 단일 공장으로 전 세계에서 가장 큰 반도체 제조 단지가 된다.

미국이 자국 내 반도체 생산에 본격적으로 착수했다는 뜻이다. (중략) 인텔은 현재 개발 중인 1.8나노 초미세 공정 기술을 적용해 자사 최신 반

도체를 만들고 파운드리 사업을 통해 외부 업체의 반도체도 생산하겠다는 방침이다. 1.8나노는 현재 파운드리 업계 1위 대만의 TSMC와 2위인 한국의 삼성전자가 개발 중인 2나노 공정과 비슷한 기술 수준이다. *(하략)*

출처: 〈조선일보〉(2022.01.24)

최근 삼성전자 이재용 부회장은 미국에 건너가 반도체 공장 설립 계약에 사인하고 돌아오기도 했다. 이 역시 미국 안보 전략자산인 반도체를 확보하려는 투 트랙 전략의 일환일 것이다.

미중 다툼의
전선 확대

미국의 반도체 확보 전략을 지켜보는 중국은 어떤 생각일까? 경제 대국으로 올라선 중국 또한 미국처럼 반도체 확보에 열을 올릴 것이 분명하다. 잘 알려져 있는 것이 중국의 반도체굴기다.[28] 이로써 중국은 해외 의존도를 낮추고, 반도체 강국으로 거듭나고자 노력 중이다. 이 같은 중국의 반도체굴기 정책이 미국을 자극했을 것이다.

특히 중국은 지난 몇 년간 미국과 여러 분야에서 경쟁을 벌여왔다. 처음엔 양국 간 무역분쟁[29]에 국한되었지만, 지금은 양국 다툼의 전

---

28 이 책 Chapter 2 '중국은 하나? 둘? 중국과 대만의 갈등'을 참고하라.

29 이 책 Preview '03 사사건건 충돌하는 G2, 긴장감이 점점 높아지는 미중 갈등'을 참고하라.

선이 여러 분야, 즉 정치, 경제, 사회, 문화 등 전방위적으로 확대되는 모양새다. 이런 상황에서 미국이 중국 코앞에 자리한 대만에 동맹이라는 명분으로 자신들의 영향력 아래 두려고 하는 모습이 중국은 계속 신경 쓰일 수밖에 없다. 그래서 중국도 명분이 필요했을 테다.

'반체제 인사들이 모여 사는 대만을 흡수해 통일해야 한다. 필요하다면 무력을 사용해서라도!'

최근 대만을 놓고 불거진 미중 간의 설전도 엄밀히 살펴보면 반도체와 밀접한 관련이 있다. 두 나라가 내세운 명분이 '동맹' '민족통일'이라고는 해도 실상은 '반도체'가 눈에 보이지 않는 곳에 자리하고 있는 것이다. 21세기의 쌀로 불리는 반도체를 얻기 위한 G2의 다툼은 필연적이라고 볼 수 있다.

미국 입장에서는 한국과 대만의 반도체를 확보하기 위해 동아시아 지역의 안보를 주장하며 전력투구할 것이다. 미국의 속내를 잘 아는 중국도 이에 맞서 힘 대 힘으로 맞붙으려 할 것이다. 따라서 한국, 일본, 대만을 포함한 동아시아 지역은 군사적·경제적으로 엄청난 리스크에 노출되어 있다. 게다가 이 지역에 러시아와 북한도 포함되어 있다. 겉으로는 평온한 듯해도 언제 폭탄이 터질지 모르는 일촉즉발의 긴장감이 감돈다.

중국의 2008년 올림픽 vs. 2022년 올림픽

2008년 베이징 올림픽은 중국의 성장을 세계에 보여주는 행사였다. 중국은 UN 가입 후의 눈부신 성장을 알리고 싶었고, 실제로 성공적인 모습을 보여주었다. 그런 의미에서 2008년은 중국으로선 정말 뜻깊은 한 해였다. 일본을 제치고 G2로 자리매김하는 데 필요한 주춧돌을 마련한 셈이다.

2008년 베이징 올림픽을 마친 후 중국의 경제성장은 눈이 부셨다. 당시 중국 정부는 쾌적한 베이징 올림픽을 유치하고자 여러 가지 정책을 펼쳤는데, 예컨대 미세먼지를 없애기 위한 공장 가동 중단, 많은 인구의 이동을 막기 위한 교통 통제, 도시의 미관을 해치는 지역 철거 등도 진행했다. 낙후 지역의 철거로 인해 무려 120만 명의 철거민이 발생했다고 알려져 있다. 이 모든 정책이 중국의 성장을 보여주고 싶어서 행한 조치였다.

당시 헤게모니 경쟁자였던 미국은 중국의 성장을 지켜보면서도 이를 제재할 수 없었다. 올림픽 개최 1년 전인 2007년부터 서브프라임모기지 사태를 겪고 있었기 때문이다. 미국은 이를 수습하느라 몇 년간 대외 상황에 눈 돌릴 여유가 없었다. 아마 미국이 금융위기를 겪지 않고 정상적인 상태였다면 G2로 거듭나는 중국을 가만히 두고만 보고 있었을

●····· **중국에 올림픽이란?**

구분	2008년 베이징 올림픽	2022년 동계올림픽
개최지	베이징	베이징
목적	성장의 올림픽	성숙의 올림픽

정부
조치
	낙후된 모습 감추기
	1. 북경 시내 대기 오염 방지(인공 강우,
	   교통 통제, 철강업체 생산 중단 등)
	2. 강제 철거(120만 명 철거민 발생)
		그린 산업 육성
		1. 기후, 환경, 산업 중시(동북지역 정전,
		   석탄 산업 실직자 증가)
		2. 플랫폼 기업 규제

결과	G2로 부상(일본 GDP 추월)	G1으로 부상 발판(PPP 기준 미국 추월)
비고	미국 서브프라임모기지 사태	코로나 팬데믹, 미중 패권 경쟁(외교적 보 이콧)

출처: 두물머리

까? 역사에서 가정법은 무의미하다지만, 만약 당시 미국 상황이 정상이
었다면 현재 G2 경제 대국 중국은 존재하지 않았을 수도 있다.

2022년 베이징 동계올림픽은 중국이 성장을 뛰어넘은 성숙의 올림픽이
라고 표방한다. 과거보다 한층 성숙한 중국을 보여주겠다는 의도였다.
중국은 2022년 동계올림픽을 유치하면서 국제올림픽위원회(IOC) 측에
그린 테마를 강조한 것으로 알려지기도 했다. 공해 발생, 환경오염국이
라는 오명을 벗고 올림픽으로 이미지를 개선하겠다는 계산이었을 것이
다. 2021년 간헐적으로 발생했던 중국 동북 지역의 정전 사태가 화석연
료 사용을 규제한 결과라는 이야기도 있다.

한편 친환경을 강조하는 중국 내에서는 철강과 석탄 산업에서 실직자들이 나타나기 시작했다. 과연 중국은 2008년 베이징 올림픽으로 거둔 경제적 성과를 2022년 베이징 동계올림픽 이후에도 또다시 누릴 수 있을까? 아마도 어려울 것으로 보인다. 코로나 사태로 무관중 경기를 치러야 했고, 올림픽 개최에 들인 비용을 만회하기에도 벅찼다. 아울러 미중 갈등 속에 미국 편에 선 서방 세계의 올림픽 보이콧도 부정적인 영향을 미쳤다.

전쟁 리스크, 러시아-우크라이나

넥스트 시대! 앞으로 우리가 준비하고 적응해야 할 변화 중에는 늘 좋은 일만 있을 수 없다. 예측 가능하고 현실로 이루어질 가능성이 높은 일이라면 대안을 마련하기 위해서라도 알고 있어야 한다. 이미 앞에서 소개한 이슈지만, 러시아-우크라이나 간 전쟁[30]에 대해 다시 한번 생각해보도록 하자.

2022년 초 기준, 전 세계적으로 물리적 군사 충돌이 우려되는 곳은 크게 두 지역이다. 중국과 대만, 그리고 러시아와 우크라이나다.

---

30 이 책 Preview '03 사사건건 충돌하는 G2, 긴장감이 점점 높아지는 미중 갈등', Chapter 2 '심상찮은 러시아-우크라이나 전쟁 기류'를 참고하라.

날짜	주체	내용
2021년 11월	미국	위성을 통해 러시아군 10만 명이 우크라이나 국경지대에 집결했다고 발표
2021년 12월 7일	미국	바이든, 러시아가 우크라이나 침공할 경우 경제 제재 전면적 시행 경고
2021년 12월 17일	러시아	NATO에 대해 동유럽과 우크라이나에서의 모든 군사활동 중단과 우크라이나 등 구 소련 국가들을 NATO에 편입하지 말라고 요구
2022년 1월 3일 (미-러 전화 회담)	미국	바이든, 블라디미르 푸틴 대통령과의 전화 통화에서 러시아가 침공할 경우 단호하게 대응할 것이라고 경고
2022년 1월 10일 (미 국무장관 - 러 외교장관 회담)	미국	러시아가 미국이 받아들일 수 없는 안보 요구를 반복하고 있다고 발표
2022년 1월 24일	NATO	군대 대기 상태, 전함, 전투기, 동유럽 군사 주둔 강화
	미국	우크라이나 대사관 일부 직원 대피, 8,500명 병력 경계태세 배치
2022년 1월 27일	미국	바이든, 러시아의 우크라이나 침공 가능성 경고
	중국	러시아의 합법적인 안보 우려에 대해 "미국은 진지하게 받아들여야"
2022년 1월 28일	러시아	푸틴, 러시아의 요구사항이 해결되지 않았지만 지속적으로 대화할 준비되어 있음
	우크라이나	볼로디미르 젤렌스키 대통령, 지금 상황이 이전보다 더 긴장된 것으로 생각되지 않는데, 해외에서는 여기에서 전쟁을 할 수 있다고 언급하지만 그렇지 않음. 서방의 경고로 우크라이나 경제가 공황상태에 빠지고 있음
2022년 1월 31일 (UN 안전보장이사회 특별 비공개 회의)	미국 대사	러시아의 우크라이나 침공이 세계 안보에 위협
	러시아 대사	러시아가 반복적으로 침공 부인하지만 미국과 동맹국은 전쟁 위협을 언급 중
2022년 2월 1일	러시아	푸틴, 침략 계획 부인
2022년 2월 6일	미국	일부 언론, 러시아의 우크라이나 침공에 필요한 군사력 증강 70% 확보

● ····· **러시아-우크라이나 대치 상황 정리**

날짜	주체	내용
2022년 2월 8일 (프-러, 미-독 정상회담)	마크롱 – 푸틴 협상	에마뉘엘 마크롱 대통령, 우크라이나 위기 확대되지 않을 것
	바이든 – 숄츠 회담	바이든, 러시아의 침공 시 노드스트림 2 중단
2022년 2월 10일	영국 – 러시아 외무장관 회담	영국, 벙어리와 청각장애인 간의 대화
2022년 2월 11일	미국	백악관, 2월 20일 이전 며칠 이내(2/16일) 전쟁이 시작될 것. 미국, 미 국방부, 미군 3,000명 폴란드 추가 투입 명령
2022년 2월 12일 (미-러 전화 회담)	미국	바이든, 위기 끝내기 위해 외교에 전념하지만 다른 시나리오도 준비되어 있음
	러시아	푸틴, NATO는 여전히 러시아 안보에 위협되는 행동을 지속 중
2022년 3월 3일	미국, EU	주요 러시아 은행 국제은행간통신협회(SWIFT) 결제망에서 배제

특히 러시아와 우크라이나 간의 상황이 심각하다. 전쟁은 분명 부정적인 영향을 줄 수밖에 없는 위험요소다. 외신에서 잘 소개하지 않는 지구촌 곳곳의 소소한 무력 충돌은 논외로 하자. 러시아-우크라이나 상황을 정리한 내용은 표와 같다.

러시아와 우크라이나의 다툼은 결국 러시아와 미국을 중심으로 하나로 뭉친 서방 세계와의 대립으로서 자칫 끔찍한 제3차 세계대전이 벌어질 수도 있는 글로벌 리스크다. 단지 러시아와 우크라이나 두 나

272

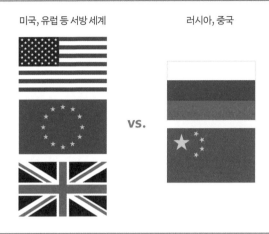

미국, 유럽 등 서방 세계

러시아, 중국

vs.

라만의 문제가 아니라는 이야기다. 정치적 대결 양상으로 볼 때, 한쪽은 미국과 유럽이 연합한 형국이고 반대쪽은 러시아, 그리고 최근 러시아와 부쩍 친해진 중국이 같은 배를 탈 수 있다.

물론 이 문제를 러시아의 천연가스 확보라는 경제적 논리로 살펴봐도 천연가스 공급 중단의 위기에 봉착할 수도 있는 유럽의 많은 국가가 우크라이나의 편을 들 것이 뻔하다. 참고로, 러시아와 우크라이나의 분쟁으로 천연가스 가격이 들썩였다. 원자재 가격이 높아질 수 있는 리스크와 지정학적 리스크가 결부되어 있다.

전쟁만큼 리스크가 큰 일이 또 있을까. 전쟁은 모든 것을 파괴시킨다. 전쟁은 힘의 균형을 한쪽으로 쏠리게 한다. 그래서 혹자는 인류 역사가 '정(유), 반(무), 합(생성)'의 반복이라고 말하기도 하지만, 그

건 과거 전쟁의 이야기다. 현대전에서는 살상에 최적화된 고성능 폭탄이 인류가 오랜 시간 공들여 만든 풍요롭고 아름다운 도시를 몇 분 만에 풀 한 포기 자랄 수 없는 불모지로 만들 수 있다.

다시 경제학적 관점으로 돌아가서, 러시아-우크라이나 간 전쟁은 새롭게 재편될 글로벌 경제 밸류체인의 헤게모니 싸움의 일환으로 볼 수도 있지 않을까 생각한다. 소련 해체 후 글로벌 리더의 자격을 잃은 러시아가 현재 미국 최대의 적국인 중국과 긴밀한 관계를 맺으면서 미국을 자극하고, 아울러 우크라이나 사태로 긴장감을 극적으로 끌어올림으로써 얻게 될 이득은 무엇일까? 잃어버린 강대국 자존심을 회복하는 게 전부일까? 또는 눈에 잘 드러나지 않는 꿍꿍이가 있는 것일까? 필자는 글로벌 경제를 살펴서 진단하고 예측하는 경제학자지만, 때때로 이런저런 궁리를 해보는 일도 무척 흥미롭다.

부상하는
양극화 리스크

Next risk, 두 번째 주제는 양극화 이야기다. 사실 양극화 문제는 코로나 이전부터 쉽게 해결할 수 없는 갈등으로 자리를 잡고 있었다. 그런데 코로나가 전 세계를 덮치자 양극화가 더욱 선명해졌다. 이는 경제력을 중심으로 나라 간, 계층 간, 세대 간의 간극을 하나로 봉합하기 힘든 상황으로 치닫고 있다. 인터넷 검색창에 양극화라는 단어를 검색하면, 하루에도 수십 건의 기사가 쏟아진다. 시쳇말로 도배 수준이다. 그만큼 양극화 문제는 우리가 반드시 해결해야 할 숙제지만, 누구도 쉽게 해결하기 힘든 난제다.

그렇다면 여기서 필자가 뜬금없는 질문을 하나 던져보겠다.

"우리는 한민족인가?"

필자의 대답은 다음과 같다.

"아니다!"

인간의 심리는 소속감을 느낄 때 안정을 찾는다. 그런데 내가 속한 집단의 대척점에 나와 전혀 다른 수준의 집단이 있다면, 그리고 경제적 환경, 정서적 이질감 때문에 내가 그 집단에 낄 수 없다면 당연히 배타적인 감정을 갖게 될 것이다. 더더욱 내가 속한 집단에 충실할 것이고, 그 안에서 모든 걸 공유하고 향유하며 자신들만의 탑을 쌓는 데 몰두할 것이다. 그러다 보면 배타성이 확대되어 나와 내 집단 이외의 사람들에게 적개심을 드러낼 것이다. 오늘날 계층과 세대, 그리

● ····· 한국 사회 양극화 추이

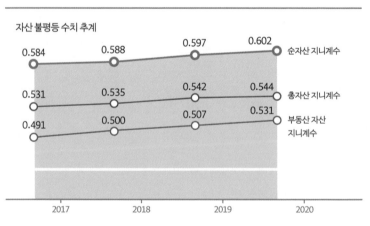

자산 불평등 수치 추계

0.584 0.588 0.597 0.602 순자산 지니계수

0.531 0.535 0.542 0.544 총자산 지니계수

0.491 0.500 0.507 0.531 부동산 자산 지니계수

2017   2018   2019   2020

출처: 국민의힘 유경준 의원실

고 성별로 나뉘고 그 안에서도 서로의 경제적인 상황에 따라 여러 부류로 갈기갈기 나누어졌다. 자, 필자가 다시 질문을 한다.

"우리는 한민족인가?"

다른 나라도 그렇지만, 한국 사회 역시 양극화 문제가 심각하다. 그리고 시간이 갈수록 문제의 심각성이 깊어지는 추세다. 기득권을 쉽게 내려놓지 못하는 기성세대, 자신에게 기회가 없다고 느끼는 MZ세대, 특히 이들 간의 갈등이 무척 심각하다.

'경제력의 크기가 꿈의 크기다!'라는 명제에 기성세대는 천박한 사고라고 치부하겠지만, MZ세대는 저 명제에 토를 달 수 없다. 그것이 현실이기 때문이다. 과거에는 비록 가난한 환경일지라도 열심히 공부하고 노력하면 경제적 자유를 만들어낼 수 있다고 믿었고, 실제로 그 꿈을 현실로 만드는 일이 가능했다. 그러나 지금은 그런 가능성조차 꽉 막혀 있다. 가능성이 없으니 꿈조차 꾸지 않는 것이다. 왜? 말그대로 꿈같은 일이니까.

따라서 MZ세대는 가상 세계로 눈을 돌려 현실에서 이룰 수 없는 일을 그 안에서 실행해 대리만족을 하며 살아간다. 그들이 메타버스 세계에 열광하는 이유다.

모방은
창조의 어머니

MZ세대는 현실 세계에서 소외되어 힘들었던 경험을 가상 세계에 뛰어들어 뒤바꾸려고 한다. 여러분은 MZ세대가 현실에서 겪은 경험에 비추어 가상 세계라는 공간 안에서는 뭔가 좀 더 이롭고 긍정적이며 아름다운 것들로 채워갈 거라고 생각하는가? 절대 그렇지 않다!

뛰어난 학습능력을 갖춘 MZ세대는 놀랍게도 현실에서 자신들이 겪었던 소외감과 어려움을 반복하지 않고자 '선점의 노력'을 기울인다. 이를 좀 더 자세히 설명하자면, 선점의 노력이란 현실 세계에서 기성세대들의 기득권에 밀려 이루지 못한 경험을 가진 그들이었기에 가상 세계에서 무엇이든 간에 빠르게 선점함으로써 스스로 기득권이 되려는 심리를 말한다. 그러니까 한마디로 '현실 세계를 모방해 이를 가상 세계에서 창조해가는 작업'에 열중하는 것이다.

결국 가상 세계는 현실 세계의 연장선상에 놓인다. 아이러니하게
도 현실 세계에서 그들이 느낀 양극화 문제가 가상 세계에서 해소되
는 것이 아니라, 오히려 가상 세계에서 양극화가 한층 더 극단화되는
모습으로 나타난다. 양극화 문제와 현실을 뼈저리게 느낀 MZ세대의
선점의 노력 심리가 충분히 이해가 된다고 하겠다.

현실에서 불공평한 경험을 한 사람, 예컨대 사람과 사람으로 평등
하게 대하는 것이 아니라 돈이나 학벌 등의 사회적 배경이 한 인간의
가치를 결정하는 일에 길들여진 사람일수록 그런 학습 효과에 힘입
어 가상 세계에서 선점의 노력을 더해나간다. 모방을 통해 창조하는
것이다. 그런데 그렇게 창조한 모습이 모방한 모델과 한 치의 오차도
없다! 그러니까 양극화의 반복, 오히려 심화된 양극화를 가상 세계에
서 만들어간다.

그렇다면 양극화 중에서도 가장 큰 문제는 무엇일까? 필자는 부채
가 늘어나는 것이라고 판단한다. 그래서 부채의 속도가 빠르게 늘고
있다는 점에 주목할 필요가 있다. 물론 성장을 꾀하는 과정에서 필연
적으로 늘어나는 부채는 통과의례로 볼 수도 있다. 그러나 성장을 이
룬 이후의 달콤한 과실이 많은 사람에게 돌아가지 않고 소수 몇몇 사
람에게 쏠려 있다는 것이 또 하나의 사회적 문제가 된다. 이처럼 사

회에 만연해 있는 양극화 문제가 필자가 심각하다고 생각하는 'next risk'다.

이제 새 대통령이 뽑혔다. 한 국가의 대통령은 리더십이 중요하다. 특별히 이번 대선은 대통령을 선출하기까지 과정마다 참 말도 많고 탈도 많았다. 좌우 진영 논리, 고질적인 지역감정, 세대 간 갈등도 심했다. 단기간 안에 상대의 마음을 품어줄 수는 없겠지만 하나의 길로 나아가야 할 것이다. 눈에 드러난 이런 갈등부터 풀고 가는 것이 양극화를 극복하는 데 그나마 도움이 되고 첫발이 되지 않을까 싶다. 앞에서 필자는 같은 질문을 두 번 던졌다. 그리고 지금 다시 한번 똑같은 질문을 해본다.

"우리는 한민족인가?"

기회와 위기, 어떻게 대응할까?

본문에서 소개한 많은 이야기가 사실은 기회이면서 리스크와도 밀접한 연관이 있다. '기회가 위기이고 위기가 기회가 되는 뫼비우스의 띠' 같은 내용들이다. 인플레이션 압력, 차이메리카 균열, 양극화 그리고 전쟁 등이 우리 눈앞에 있다. 현 시국을 빗댄 말로 '안미경중'이라는 말이 떠오른다. '안보는 미국, 경제는 중국'이라는 뜻이다. 우리에게 선택의 시간이 다가오고 있다. 과연 우리는 어떤 자세를 취해야 할까?

그간 우리는 이익에 따라 안보든 경제든 '취사선택'할 수 있었다. 그러나 '양자선택', 저울질의 압박이 거세질 것이다. 그런데 저울의 추가 어느 쪽으로 더 기울어져 있는지 판단하기 어려운 시기다.

미국은 2021년 말부터 테이퍼링을 단행했고 금리도 올렸다. 이는 어느 정도 경기회복에 자신이 있음을 밝히는 신호다. 그러나 코로나 이후 미국과 중국은 전보다 심한 다툼과 분쟁을 벌일 가능성이 짙어 보인다.

특히 미중 무역전쟁을 바라보면서 어떻게 해야 좋을지 난감하다. 무역전쟁이 과거처럼 총칼을 들고 싸우는 다툼은 아니지만, 과거에 벌인 전쟁 이상의 충격을 우리에게 안겨줄 수도 있다. 조심스럽고 정답이 될 수는 없겠으나 필자는 미국 측 밸류체인에 편입하는 선택이 우리에게 좀 더 기회가 되지 않을까 하고 예측해본다.

그리고 지난 50년간 군사적 긴장감이 고조되었던 중동 지역 내에서의 헤게모니 다툼이 조금씩 동아시아로 넘어오는 것도 자명해 보인다. 반도체는 미국의 안보 전략자산이다. 동시에 우리에게 반도체는 전략적 무기로 활용 가능한 자산이기도 하다. 반도체라는 전략적 무기를 들고 우리에게 유리한 선택을 해야 좋을 것이다. 미국이 반도체 강국인 우리를 향해 러브콜을 보내고 있으니까.

미국의 안보 전략자산에 편승하는 방식은 경제적으로 큰 이득이 된다. 다만 경제적으로 큰 이익을 볼 수 있을지라도 반대급부적으로 정치적·군사적 리스크에 휘말릴 가능성도 무시할 수 없다.

여담이지만, 만약 우리가 미국이 의도한 대로 따라가지 않는다면 어떤 일이 벌어질까? 아마도 미국은 반도체뿐 아니라 한국의 수출 밸류체인을 모두 끊어버릴 수도 있다. 또한 미국이 과거 석유를 확보하고자 벌인 실태를 우리는 데이터로 갖고 있다. 미국은 아마 과거와 마찬가지로 중동 국가들에 취했던 정책을 동아시아, 특히 한국에도 반복할 수 있다. 관심을 갖고 지켜봐야 할 주제다. 영원한 우방도 적도 없다는 점을 잊지 말아야겠다.

마지막으로 사회적 문제로 대두된 양극화 그리고 MZ세대에 대한 이야기도 빼놓을 수 없다. 어느 하나 해결하기 쉽지 않은 주제다. 그럼에도 불구하고 관심의 끈을 쉽게 놓아선 안 된다. 이런 이슈도 예의주시하며 보다 긍정적이고 보편타당한 사회적 합의가 이루어질 수 있도록 각자의 자리에서 노력해야겠다.

미국 트럼프 행정부는 그간 중동에 미국이 쏟아부은 천문학적인 돈 이야기를 공공연하게 언론에 노출했다. 바이든 행정부는 공식적으로 중동 지역에서 철수했다. 미국의 안보자산이 석유에서 반도체로 넘어갔음을 알 수 있다.

과거에는 석유를 차지하고자 전쟁을 벌이는 시대였다면, 지금은 전 세계 강대국들이 반도체를 확보하기 위해 전쟁을 불사하는 시대가 되었다.

미국은 반도체 확보 전략을 투 트랙으로 펼쳐갈 것이라고 본다. 첫째로 반도체 벨트를 형성 중인 한국과 대만에서의 영향력 확대를 도모할 것이다. 둘째로 미국 내에 반도체 파운드리 인프라 구축에 많은 투자를 할 것이다.

미국의 안보 전략자산에 편승해 포지션을 취하는 것은 경제적으로는 큰 이득이 된다. 다만 경제적으로 큰 이익을 볼 수 있을지라도 반대급부적으로 정치적·군사적 리스크에 휘말릴 가능성도 무시할 수 없다.

넥스트 리스크는 기존 패권 경쟁이 다시 모습을 드러내는 것이다. 코로나 발생으로 전 세계가 함께 대응했던 공조화 현상이 수면 아래로 가라앉으면서 숨겨졌던 갈등이 부각될 것이다.

양극화 문제는 코로나 이전부터 쉽게 해결할 수 없는 갈등으로 자리 잡고 있었다. 그런데 코로나가 전 세계를 덮치자 양극화가 더욱 선명해졌다. 경제력을 중심으로 나라 간, 계층 간, 세대 간의 간극을 하나로 봉합하기 힘든 상황으로 치닫고 있다.

당신만의 넥스트를 채워라!

'후회는 없는가?' 생애 최초의 저서를 마무리하는 마지막 순간까지 든 생각이다. 영글지 않은 지식과 경험 등을 가지고 불특정 다수 앞에 나서는 일에 단연코 설렘만 있진 않다. 하지만 도전하고 겸허하게 받아들여야 지금보다 한발 더 나아갈 수 있다는 것과 아무것도 하지 않으면 아무런 일도 일어나지 않는다는 지난 40년간의 짧은 경험을 바탕으로 부끄럽지만 담담하게 나만의 첫발을 내디뎠다.

격변의 시대다. 부의 이동이 국가와 산업, 더 나아가 세대 간에 빠르게 이동하고 있다. 경제적·정치적으로 예상과 다른 방향으로 흐를 가능성이 그 어느 때보다 높은 시기에 접어들었다. 본문에 다룬 미 연준의 통화정책 정상화 과정과 그로 인한 금융시장의 반응, 그리고 대안자산의 대명사인 가상화폐 시장의 고저는 어쩌면 필자가 보는 시기보다 빠르거나 아니면 더 늦을 수도 있다는 생각을 줄곧 하며 글을 마쳤다. 다만 본문에서 다루었던 다섯 가지 변화들이 독자들의 삶과 투자 방식에 소중한 이정표가 되었으면 하는 바람이다.

고심 끝에 책 제목을 『넥스트(NEXT)』로 결정했다. 본문에 소개한 다섯 가지 변화들을 넥스트로 시작해서이기도 하지만, 어쩌면 이 책을 읽은 독자들의 생각이 여섯 번째 넥스트가 되어 필자가 보지 못한 넥스트를 채워주기를 바라는 작은 소망을 담았다. 질 좋은 삶을 향유하는 그날까지 함께 고민하길 바란다.

마지막으로, 지면을 빌려 감사의 말을 전하고 싶다. 인생의 전성기를 보내고 있음에도 기쁜 마음으로 모든 지원을 아끼지 않는 나의 반쪽 이지영 님에게 이 모든 영광을 돌리고 싶다. 내가 생각하는 미래에 언제나 당신이 있다는 말을 전하며….

 여섯 번째 넥스트를 찾아주시는 분들께 빈센트가 직접 찾아갑니다.

◀ Next Stage 6 제안하러 가기

부록

2022년 분기별 주요 이벤트

1월	부스터샷
1일	한국 전력거래소 환경급전제도 시행
4일	미국 대통령 국정연설(State of Union)
5~8일	CES 국제전자제품박람회 2022
10~13일	JP모건 헬스케어 컨퍼런스
14일	한국 1월 금융통화위원회
18일	BOJ 1월 통화정책회의(경제 전망)
25~30일	WHO 150차 집행이사회
26일	미국 1월 FOMC
월중	IMF/WB 세계 경제 전망
월중	18~49세 성인 부스터샷
월중	DSR 2단계 시행

2월	베이징 올림픽	3월	대한민국 대선
1일	RCEP 발효	9일	대한민국 20대 대통령 선거
3일	BOE 2월 통화정책회의(경제 전망)	10일	ECB 3월 통화정책위원회(경제 전망)
4일	베이징 동계올림픽 개막	10일	한국 선물, 옵션 동시 만기일
7~10일	RSA 정보보안 컨퍼런스	16일	미국 3월 FOMC(경제 전망)
9일	MSCI 분기 리뷰	17일	BOE 3월 통화정책회의
9~11일	세미콘 코리아 2022	18일	BOJ 3월 통화정책회의
24일	한국 2월 금융통화위원회(경제 전망)	24일	한국 3월 금융안정상황 점검회의
월중	연준 반기 의회 보고	25일	EU 정상회담
월중	FTSE 반기 리뷰	27일	홍콩 행정장관 선거
월중	중국 디지털 위안화 공식 발행	월중	중국 양회
월중	NASA 무인 달 탐사선 발사	월중	기획재정부 차량용 반도체 로드맵

4월	R&D
8~13일	AACR 미국 암연구학회
10~24일	프랑스 대통령 선거
11일	영국 증세안 보건, 사회복지세 도입
14일	ECB 4월 통화정책회의
14일	한국 4월 금융통화위원회
21~30일	오토 차이나 베이징 모터쇼
22~24일	IMF, WB 연례 춘계 회의
26~27일	미국 보험 AI & 인슈어테크 컨퍼런스
28일	BOJ 4월 통화정책회의(경제 전망)
월중	미국 재무부 환율보고서
월중	한국 데이터 기본법 시행

2
분기

5월	ESG	6월	중간점검
2~6일	세계 산림 총회	1일	한국 전국 동시 지방선거
4일	미국 5월 FOMC	3~7일	ASCO 미국 임상종양학회
5일	BOE 5월 통화정책회의(경제 전망)	9일	ECB 6월 통화정책회의(경제 전망)
11~13일	인터솔라 유럽 박람회(신재생에너지)	9일	한국 선물, 옵션 동시 만기일
21~24일	미국 소화기병학회(DDW)	15일	미국 6월 FOMC(경제 전망)
22일	MSCI 반기 리뷰	16일	BOE 6월 통화정책회의
23~29일	WHO 세계보건회의	17일	BOJ 6월 통화정책회의
24~28일	아시아 태평양 경제사회위원회	18일	중국 618 쇼핑 페스티벌
26일	한국 5월 금융통화위원회(경제 전망)	22일	한국 6월 금융안정상황 점검회의
월중	구글 I/O 2022	23~24일	EU 정상회담
월중	WGC 2022(세계가스총회)	26~28일	G7 정상회담

7월	제도 개편
13~17일	독일 자전거 박람회
14일	한국 7월 금융통화위원회
21일	ECB 7월 통화정책회의
21일	BOJ 7월 통화정책회의(경제 전망)
27일	미국 7월 FOMC
월중	건강보험료 부과체계 변경
월중	DSR 3단계 시행
월중	전기차 충전기 기본요금 할인 혜택 종료
월중	IMF 세계 경제 전망
월중	연준 반기 의회 보고
월중	중국 정치국 경제공작회의

8월	잭슨홀	9월	항저우 아시안게임
4일	BOE 8월 통화정책회의(경제 전망)	2~6일	독일 베를린 국제 가전박람회(IFA) 2022
11일	MSCI 분기 리뷰	8일	한국 선물, 옵션 동시 만기일
13~14일	글로벌 제약 산업 & 의료장비 컨퍼런스	8일	ECB 9월 통화정책회의(경제 전망)
22~26일	프랑크푸르트 화공 박람회(ACHEMA)	9~13일	ESMO 유럽종양학회
24~28일	쾰른 게임 박람회(GAMESCOM)	10일	항저우 아시안게임 개막
25일	한국 8월 금융통화위원회(경제 전망)	13~27일	UN 총회
월중	한국 2023년 예산안 발표	15일	BOE 9월 통화정책회의
월중	중국 베이다이허 회의	21일	미국 9월 FOMC(경제 전망)
월중	연준 잭슨홀 미팅	22일	BOJ 9월 통화정책회의
월중	FTSE 반기 리뷰	22일	한국 9월 금융안정상황 점검회의
월중	한국형 최초 달 탐사선 발사	월중	한국 기후변화영향평가 제도 시행

10월	G20 정상회담
2일	브라질 대통령 선거
14일	한국 10월 금융통화위원회
27일	ECB 10월 통화정책회의
28일	BOJ 10월 통화정책회의(경제 전망)
30~31일	G20 정상회담
월중	IMF, WB 연례 추계 회의
월중	중국 공산당 6중전회
월중	미국 재무부 환율보고서
월중	IMF 세계 경제 전망
월중	FAO 세계식량안보위원회(CFS)
월중	중국 중앙정치국 회의

4
분기

11월	소비 시즌	12월	경제 전망
2일	미국 11월 FOMC	10일	한국 선물, 옵션 동시 만기일
3일	BOE 11월 통화정책회의(경제 전망)	14일	미국 12월 FOMC(경제 전망)
5~10일	중국 국제 수입박람회(CIE)	15일	ECB 12월 통화정책회의(경제 전망)
7~18일	제27차 UN 기후변화협약 당사국 총회	15일	BOE 12월 통화정책회의
8일	미국 중간선거	20일	BOJ 12월 통화정책회의
10일	MSCI 반기 리뷰	22일	한국 12월 금융안정상황 점검회의
11~15일	미국 류마티스 학회	월중	중국 정치국 경제공작회의
11일	중국 광군절	월중	상호금융대출 금리인하요구권 의무화
21일~ 12월 18일	카타르 월드컵	월중	한국 전 업종 쇼핑백·비닐백 사용 금지
24일	한국 11월 금융통화위원회(경제 전망)	연중	유-러 화성탐사계획 '엑소마스' 시행
25일	미국 블랙프라이데이	연중	중국 '텐궁' 우주정거장 완공

출처: 하나금융투자

넥스트

초판 1쇄 발행 2022년 3월 24일
초판 3쇄 발행 2022년 4월 20일

지은이 빈센트(김두언)
브랜드 경이로움
출판 총괄 안대현
책임편집 김효주
편집 최승헌
표지디자인 김예은
본문디자인 김지혜

발행인 김의현
발행처 사이다경제
출판등록 제2021-000224호(2021년 7월 8일)
주소 서울특별시 강남구 테헤란로33길 13-3, 2층(역삼동)
홈페이지 cidermics.com
이메일 gyeongiloumbooks@gmail.com (출간 문의)
전화 02-2088-5754   **팩스** 02-2088-5813
종이 다올페이퍼   **인쇄** 천일문화사
ISBN 979-11-977728-0-1 (03320)

- 책값은 뒤표지에 있습니다.
- 잘못된 책이나 파손된 책은 구입하신 서점에서 교환해 드립니다.
- 이 책은 저작권법에 의하여 보호를 받는 저작물이므로 무단 전재와 복제를 금합니다.